# 동네아저씨

평범한 동네 아저씨의 신앙성장기

동네 꼬마에서 동네 아저씨까지
N잡러 목사의 교회 이야기

## 프롤로그

우리는 서로가 될 수 없다. 내가 당신이 될 수 없고, 당신이 내가 될 수 없다. 하나님이 우리를 그렇게 창조하셨다. 모든 교회의 주인은 한 분이지만 다양한 사람들만큼이나 다양한 교회가 존재한다. 더 나은 교회나 더 좋은 교회의 기준은 존재하지 않는다. 그 누구도 나처럼 살 수 없고 나 역시 다른 누군가처럼 살 수 없다.

적자만 5년째인 12평짜리 카페 개척교회 목사. 대단한 지식도 학벌도 없는 평범하다 못해 부족한 내가 책을 쓴다 한들 누가 사보겠는가. 대박을 노리기보다 내 삶과 신학을 정리하고 누군가에게 도움이 되길 바라는 마음으로 시작했다. 이 책은 내가 처음 하나님을 만났던 순간부터 지금까지의 여정을 담았다. 처음 교회를 다닐 때 느낀 감정과 생각을 회상하며 최대한 사실적으로 기록하려고 노력했다. 동네 꼬맹이가 동네 아저씨가 되기까지의 여정들을 가감 없이 진정성 있게 담고 싶었다.

1부는 처음 교회에 갔을 때부터 신학을 하기 전까지의 이야기를 담았다. 2부는 교회를 개척하고 지속 가능을 위한 과정을, 3부는 교회 개척 이후 삶과 신학의 변화를 담았다.

4부는 앞으로의 소망과 바람을 담았다. 신학 이후에 나오는 글은 앞의 글보다 개인의 철학과 신학이 담겨있어 다소 재미없게 느껴질 수 있다. 하나님을 알아 가면서 변해가는 신앙의 모습을 그대로 옮겨 담다 보니 모든 사람이 쉽게 읽을 수 있는 글을 쓰고자 했던 처음 의도처럼 편하게 술술 넘길 수 있는 글을 쓰지 못한 것 같아 아쉬움이 남는다.

이 책이 나오기까지 많은 사랑이 있었다. 사랑하는 아내와 자랑스러운 나의 아이들에게 가장 먼저 고맙다고 말해주고 싶다. 사랑하는 부모님과 신학의 탐구 방법을 알려주신 송인설, 이명웅, 조광호, 김세광, 정병준 교수님 그리고 지금까지 교회를 지킬 수 있도록 함께해 준 친구들, 카페에서 만난 소중한 인연들, 마지막으로 함께 교회를 세워나가며 글을 쓰기까지 응원해 준 사랑하는 봄꽃교회 식구들에게 특별한 감사를 보낸다.

# 차 례

## 프롤로그 3

## 1부 : 나의 신앙 연대기 8

### 유년 시절 9
놀이터 | 오락실 | 즉석 떡볶이 | 엽서 | 수련회

### 청소년 시절 27
휴거 | 성경 공부 | 확신 | 죄와 회개 | 교회와 문화
성찬식 | 크리스마스와 철탑 | 신학교

### 청년 시절 54
스무 살 | 군대 | DFC | 은사 | 전도 | 부모님 | 기도
입시 | 사진 | 봉사 | 결혼

### 결혼 이후 96
처음의 것 | 장성한 그리스도인 | India | 다시 신학

**신학** 116

신대원 입학 | 광야 | 교수님 | 기록과 논리 | 사경회 | 선교 장로교인 | 일반대학원

## 2부 : 교회 이야기 156

**준비** 157

교회 탐방 | 교회 개척 | 가정, 가장 가까운 교회 | 인터뷰

**개척 이야기** 179

평안으로 | 인테리어 | 주고 받음

**지속 가능을 위한 노력** 195

With 코로나 | 배달 라이더 | 봄꽃가게 | 청소 | 동네 아저씨

## 3부 : 봄꽃교회  215

인연들 | 사실적 믿음 | 연보 | 하나님은 어디에 계실까
하나님과 동행하는 삶 | 자유의지 | 전도 | 첫 식구
성경 공부 | 도장 깨기 | 술, 담배 | 예배 | 두 번째 식구
세 번째 식구


## 4부 : 아직 끝나지 않은 길  305

봄꽃 교회 이야기 | 소망


## 에필로그  313

나의 신앙 연대기

## 유년 시절

누군가 나에게 교회를 어떻게 나오기 시작했냐고 물으면 놀이터에서 놀던 나를 하나님이 전도하셨다고 말한다. 장로교가 무엇인지 감리교가 무엇인지도 몰랐고 특별한 교리나 교회에 대한 이해도 없었다. 만약 동네에 이단 교회가 있었다 하더라도 별 의심 없이 다녔을 것이다. 내가 교회에 가게 된 이유는 그저 따듯한 환대와 간식이 나를 교회로 이끌었을 뿐이다.

'나는 그렇게 교회를 다니기 시작했다.'

놀이터

그럴 때가 있다. 과거의 어느 순간이 마치 영화의 한 장면처럼 지나가는. 내가 처음 교회에 들어갔을 때를 생각하면 그렇게 오래된 영화처럼 그 순간이 머릿속을 지나간다. 요즘은 동네마다 공원이 조성되어 있지만, 그 시절 우리 동네에는 공용 놀이터가 있었다. 놀이터 앞에는 달고나 아저씨의 천막이 있었는데 영화 오징어 게임에 나오는 것처럼 기본 모양인 모자를 뽑는 데 성공하면 달고나 하나를 더 주고, 비행기 모양을 뽑으면 상금이 무려 천 원이었다.

달고나 하나에 50원이었으니 꽤 탐나는 상금이지만 성공한 사람을 본 적은 없었다. 놀이터 중앙에 커다란 피라

미드같이 생긴 건축물이 있고 그 위에는 정글짐이 있었다. 그 아래는 큰 철문이 있었는데 추운 겨울에는 정글짐 옆에 있던 굴뚝같이 생긴 둔덕이 따듯했던 기억이다. 추운 날 집에 가기 싫어서 엄마가 올 때까지 기다릴 때면 따듯한 시멘트 굴뚝에 바짝 붙어 추위를 달래며 기다렸다. 동네 친구들과 놀던 그네와 구름사다리, 미끄럼틀과 철봉이 생각난다. 초등학교 때는 간혹 나무를 타고 올라가 튼튼한 가지에 누워 있기도 하고 나이가 들어 다시 오자며 친구와 이름을 새겨놓기도 했었다.

놀이터까지는 도로를 건너 꽤 오래 걸어가야 했지만 그 당시에는 학교 가는 길이 더 멀었기 때문에 그리 멀게 느껴지지 않았다. 옛날 생각에 가끔 찾아가면 집들도 새로 지어지고 놀이터도 공원으로 바뀌었지만, 매번 갈 때마다 추억에 잠기게 된다.

엄마 심부름으로 보리와 옥수수를 반반 섞어서 사 오던 '경북참기름집', 그때는 보리차를 끓여 먹었다. 엄마가 보리차를 끓이면 차가운 물을 받은 세숫대야에 주전자를 담가서 따듯해진 물로 씻곤 했다. 키가 작은 어린 시절에 삼일 이발소에 가면 나무 빨래판을 의자 손잡이에 올려두고 앉아서 머리카락을 잘랐고 스물한 살에 입대 할 때 여기서

🌱

머리를 깎고 입대했다. 잔병이 많아서 자주 다녔던 '천지약국'. '럭키슈퍼', '미도 방앗간', '제일 오락실', '우주 오락실', 단골 문방구, 하교할 때마다 구수한 냄새로 나를 유혹하던 뻥튀기집, 그래서 난 지금도 뻥튀기를 좋아한다. 어릴 적 다니던 '용맹 체육관', 깻잎 떡볶이로 유명했던 '서민집', 골목 모퉁이 주차장 앞에 할머니가 파시던 '신토불이 떡볶이'는 지금은 엄청나게 유명해져서 매장이 두 개나 생겼다.

엄마는 스웨터를 뜨개질하셔서 한동네 사시는 쉐타집(스웨터) 아줌마네에 납품 했었다. 나도 종종 심부름으로 스웨터를 가져다드리곤 했었는데 돌아오는 길은 스웨터를 담았던 보자기를 목에 묶고 슈퍼맨을 외치며 달렸다. 손재주가 좋으셨던 엄마는 우리 삼남매의 상의, 하의, 양말도 떠주시고 새해에는 복주머니도 하나씩 떠서 주셨다. 성탄절 아침 머리맡에는 사탕이 가득 담긴 복주머니가 있었다. 사랑하는 우리 엄마.

학교를 입학하기 전에는 너무 어려서 길 건너 놀이터까지는 못 가고 집 근처에 있는 교회 놀이터를 자주 갔었다. 기억은 희미하지만, 교회 본당 옆에 자리 잡은 놀이터는 미끄럼틀과 놀이기구가 몇 개 있는 동네에 몇 안 되는 놀이 공간 중 하나였다.

그날도 엄마의 일이 끝나기를 기다리며 놀이터에서 놀고 있었다. 쌀쌀한 날씨 탓에 콧물을 후루룩거리며 모래가 깔린 놀이터에서 혼자 모래 놀이를 하고 있을 때 건물에서 누군가 나와서 옆에 있던 아이들을 불렀다. 아이들은 선생님을 따라 우르르 건너편 낮은 건물로 들어갔다. 나도 의심 없이 따라 들어가서 안내에 따라 자리에 앉았다. 어두침침해 보이던 실내는 곧 익숙해졌다. 가운데는 직사각형의 테이블이 있고, 양옆으로는 반원형 테이블이 붙어있는 타원형 좌식 테이블에 앉아 무엇인가를 했는데 지금은 집에 갈 때 다른 아이들과 함께 마셨던 요구르트와 다음 날 다시 오라셨던 선생님의 말씀만 기억이 난다.

다음 날 어제 들어갔던 건물 앞을 기웃거렸다. 어떤 아주머니 한 분이 왜 왔냐고 물어보셨다. 선생님이 오라 그래서 왔다고 말했더니 그분은 나에게 앞으로는 주일 9시까지 오면 된다고 하셨다. 그렇게 나의 교회 생활이 시작됐다.

목사가 된 지금 생각해보면 부모님이 교회를 다니셨던 것도 아니고, 스스로 믿음이 있어서 간 것도 아니고, 전도를 통해 교회를 접한 것도 아니다. 그냥 들어오라고 해서 들어간 교회에서 간식을 먹고 재미있는 이야기를 들은 것

🌱

이 전부였다. 교회는 맛있는 간식과 재미있는 놀이가 있는 곳이었다. 나를 따듯하게 반겨주는 교회를 굳이 안 갈 이유가 없었다. 부모님에게도 교회는 믿고 보낼 수 있는 곳이었다. 교회에 대한 나쁜 뉴스도 없었고, 교회에서 싫은 소리를 들은 기억도 없었다. 교회의 목사님이면 교회를 다니지 않는 분들도 존경의 예우를 보여주던 때였다. 그래서 부모님은 교회에 가지 않으셨지만, 교회 가는 것을 반대하지 않으셨다.

누군가가 나에게 어떻게 교회에 다니기 시작했냐고 물으면 놀이터에서 놀던 나를 하나님이 전도하셨다고 말한다. 장로교가 무엇인지 감리교가 무엇인지도 몰랐고 특별한 교리나 교회에 대한 이해도 없었다. 만약 동네에 이단 교회가 있었다 하더라도 별 의심 없이 다녔을 것이다. 내가 교회에 가게 된 이유는 그저 따듯한 환대와 간식이 나를 교회로 이끌었을 뿐이다.

'나는 그렇게 교회를 다니기 시작했다.'

오락실


우리 동네에는 동네 이름을 딴 OO감리교회와 OO동 장로교회가 있었다. 우리 삼 남매는 한때 모두 교회에 다녔다. 형은 감리교회를 청소년 시기에 잠시 다녔었고 누나도 같은 교회를 잠깐 다녔지만 결국 나만 살아남았다.

부모님은 교회를 다니지 않으셨지만 나름의 이유로 우리를 교회에 계속 보내셨다. 어머니는 교회를 통해 많은 사람을 만나고 좋은 것 배우기를 바라는 마음으로 보내셨다고 한다. 앞에도 말했지만, 당시의 교회는 지금의 교회처럼 비난받기보다는 신뢰가 있었다. 교회에 가면 좋은 사람들도 만나고 잘 해주실 것이라는 믿음이랄까.

그 믿음처럼 어린 시절 교회에서 만난 사람 중에 나쁜 사람은 없었다. 다들 따듯하게 대해주셨고 어린아이가 교회를 혼자 다닌다고 예뻐해 주시는 분들도 계셨다. 하지만 막상 주일이 되면 특별히 하나님에 대한 믿음이 있거나 전도한 사람이 있어서 성실하게 챙겨 주는 것도 아니었기 때문에 이왕 다닐 거면 제대로 다니라고 등 떠미는 부모님이 안 계셨다면 교회를 계속 다니지도 않았을 것이다.

주일이 되면 교회로 가기까지 많은 장애물이 있다. 그중 첫 관문은 디즈니 만화 동산이었다. 도대체 왜! 주일 만화하는 시간과 주일 예배 시간은 겹치는 것인가? 매번 예배 시간의 마지막 마지노선까지 만화를 보며 버티다가 엄마한테 쫓겨나거나 만화를 다 보고 느지막이 교회로 가곤 했다. 교회 앞까지 가도 또 하나의 만만치 않은 유혹이 있다. 교회 맞은편 길 건너에는 나의 단골 제일 오락실이 있었다. 한판에 50원! 너구리, 너클죠, 보글보글, 서유기, 원더보이, 황금성 기타 등등 재미있는 게임들이 많았다. 오락실이 큰 규모는 아니었지만, 어린 나에게는 신세계였다. 오락실 할아버지는 매일 구경만 하는 내가 불쌍해 보였는지 손자 생각이 나서 주시는 거라며 가끔 공짜 게임을 한 번씩 하게 해주셨다. 교회 갈 때면 엄마는 매주 헌금을

100원씩 챙겨 주셨는데 오락실의 유혹을 이기지 못한 날은 게임 한 판하고 남은 50원으로 헌금을 내거나, 한판으로 끝내지 못한 날은 헌금을 다 쓰고 교회에 가지 않은 날도 있었다. 헌금을 내지 않아도 간식은 안 준다거나 핀잔을 주는 선생님들은 안 계셨지만, 빈손으로 교회에 가고 싶지 않았다. 아담과 하와에게 선악과가 있었다면 나에게는 디즈니 만화 동산과 제일 오락실이 있었다.

공과 공부 시간에는 반 아이들이 함께 모인 자리에서 선생님이 헌금 바구니를 돌렸다. 오락실에서 헌금을 탕진한 날은 바구니에 손만 넣었다 뺀 적도 있었다. 함께 오락실에서 만난 다른 친구들과 장난처럼 손을 넣었다 뺐지만 사실 민망함을 감추기 위해서였다. 학년이 올라가면서 헌금을 오락실에서 다 쓴 날은 공과 공부 때 주는 간식은 먹고 싶으면서도 헌금이 없다고 말하는 것이 싫어서 가지 않았다. 그렇게 점점 사람이 되어가며 부끄러움과 염치를 알아가기 시작했다. 다행히 나의 헌금 횡령으로 온 인류가 죄를 뒤집어쓰는 일은 없지만, 아무 생각 없이 교회를 다니던 나에게 헌금의 여부는 나에게 교회에 가기 위한 하나의 조건으로 자리매김했다.

즉석 떡볶이

 어릴 적 가족들과 함께 버스를 타고 장위동 사시던 고모네 댁이나 왕십리에 있는 할머니 댁에 가곤 했다. 왕십리로 가려면 542번, 543번 버스를 타야 하고 장위동에 가려면 541번 버스를 타야 했다.
 아버지가 술을 많이 드셔서 며칠 동안 엄마가 집을 나가 할머니 댁에 계셨을 때가 있었다. 그때가 아마 학교 다닐 때였으니 여덟 살이나 아홉 살 쯤으로 기억한다. 요즘 아이들은 모르겠지만 그때는 토큰이라는 게 있었다. 버스 승차권 같은 구멍 뚫린 조그만 동전인데 이 토큰 가격이 140원이었다. 아버지가 술을 드시다 흘리셨는지 방바닥에서 토큰 하나를 주웠다. 난 엄마가 보고 싶은 마음에 이 토큰을 버스 정류장 앞에 있는 노점에 가서 돈으로 바꿨다. 내 승차비는 70원. 왕복할 수 있었다. 자신만만하게 버스를 탔지만 아뿔싸. 헷갈렸다. 541번을 탄 것이다. 버스를 타고 가면서 익숙한 정류장을 기다렸지만 보이지 않았다. 뭔가 잘못된 것 같았다. 버스에서 내렸다. 점점 어두컴컴해지고 있었지만, 무서운 생각은 들지 않았다. 주변을 보니 파출소가 있길래 들어가서 길을 잃어버렸다고 말하고는 할머니 집 전화번호를 알려드렸다. 그렇게 연락을 받고 막냇삼촌이 오셔서 초코빵을 하나를 사주시곤 할머니 집으로 데려가셨다. 그렇게 드디어 엄마를 만나고 사촌들이랑 삼촌 방에서 같이 자고 다음 날 집으로 돌아왔다.

유년 시절 가정의 상황은 평화롭지 않았지만 나를 아낌없이 받아준 교회가 있었기에 괴로울 수도 있던 기억들이 추억으로 남을 수 있었다. 그렇다고 교회가 딱히 우리 가정에 무엇을 해준 것은 없지만 괴롭고 힘든 시절에도 주일은 교회가서 간식도 먹고 놀 수 있었다. 교회에서 선생님들께 말도 안 되는 억지를 부리거나 예배 중에 심한 장난을 쳐도 모든 분이 나를 소중하게 대해주셨다. 지금 생각해보면 그분들께 너무 죄송하고 감사한 마음뿐이다.

🌱

집에서 나와 갈 곳이 없어도 교회를 찾았고, 심심해도 교회를 찾았다. 너무 어릴 때라 지금도 그 마음을 정확히 가늠은 못 하지만 어린 시절의 내가 아무도 없는 교회를 무던히 찾아간 것도 혹시나 있을지 모르는 누군가를 만나 따듯함을 얻고 싶은 마음이었다. 추운 날 콧물을 훌쩍이며 교회에 갔다가 만난 윤성범 선생님이 주신 육개장사발면 국물도 그렇게 맛있었다. 교회는 꽤 오랫동안 나에게 피난처였으며, 쉴만한 물가였고, 아낌없이 퍼주는 나무였다.

국민학교 때는 교회에서 신당동으로 즉석떡볶이를 먹으러 간 적도 있다. 태권도장 앞에서 떡 10개에 백 원 파는 노점 할머니의 떡볶이나 시장에서 파는 떡볶이는 먹어봤어도 즉석떡볶이라니. 결혼하고 나서 아내랑 아이들 데리고 추억 삼아 갔던 기억을 포함해도 내 인생에 신당동 즉석떡볶이의 기억은 손가락에 꼽을 정도로 적고 그 처음이 교회를 통해서였다. 즉석떡볶이의 첫 경험은 특별했다. 약간 덜 익은 듯한 라면 면발과 계속 불을 켜 놓은 탓에 점점 짜지는 떡볶이 국물, 그리고 일반 떡과 다른 얇은 떡과 엄청 뜨거운 쫄면. 그리고 그때는 몰랐지만, 춘장이 들어가서 거무스름하고 짭조름한 떡볶이 국물에 비빈 볶음밥까지 완벽했다.

교회는 나에게 많은 것을 경험하게 해주었다. 향기 나는 샤프펜슬도 생일선물로 받았다. 교회를 통해 노래와 율동도 배우고 다윗과 골리앗이라는 만화도 보았다. 교회의 나무 냄새가 좋았다. 점심에 풍기는 밥 냄새가 좋았고 뭔가 신비해 보이는 깜깜한 기도실도 좋았다. 성탄절이면 나눠주는 까만 과자봉지와 선물들. 그 누구도 혼내지 않으셨고 그 무엇도 불편한 것이 없었다. 그저 즐겁기만 해서 가지 않을 이유가 없는 곳이 교회였다. 친구들과 놀았던 기억과 가족들은 교회 안 다니는데 혼자 교회에 나온다고 볼 때마다 늘 안아주셨던 권사님, 특별히 기억에 남는 선생님들과 친구들 몇을 제외하고는 하나님에 관한 이야기나 성경 공부의 기억은 거의 없다. 내가 교회를 떠났을 때 다시 교회를 다시 찾게 한 것은 말씀이나 예배의 기억이 아니라 따듯했던 사람들에 대한 기억 때문이었다.

엽서

　슬슬 머리가 커지면서 예배를 견디는 게 지루해지기 시작했다. 맛있게 먹던 간식들도 교회에 갈 이유가 되기에는 점점 그 힘을 잃어갔다. 그렇게 교회를 안 나가기 시작했다. 시간이 지날수록 교회를 안 가는 일요일이 익숙해졌다. 형이나 누나처럼 나도 이제 교회를 안 가려나 생각하셨든지 교회 가라는 부모님의 잔소리도 점점 줄어들었다. 그러나 한 달을 넘기지 못하고 일요일의 무료함을 이기지 못해 결국은 다시 교회로 나갔다.
　담임이셨던 민경자 선생님이 보내신 엽서가 뒤늦게 집에 도착했다. 노란 꽃이 가득 있던 엽서에는 하나님이 나를 사랑하셔서 자녀로 삼으셨고 항상 나와 함께 하신다는 내용이었다. 뻔한 내용이지만 '내가 어디에 있든지 항상 함께하시는 하나님'이라는 말은 내가 교회를 얼마나 오래 떠나있던지 어디에 있든지 하나님을 기억하게 하고 다시 교회로 돌아오게 만들었다.

수련회

어린 시절 교회를 생각하면 수련회가 가장 먼저 떠오른다. 집을 떠나 며칠씩 자고 오는 수련회는 즐거운 레크리에이션과 물놀이와 간식까지 완벽한 종합 선물 세트 같았다. 수련회의 백미는 레크리에이션과 먹거리였는데 당시 레크리에이션 강사에게 히트 가수 김종찬의 '토요일은 밤이 좋아'라는 노래에 맞춰서 율동을 배웠다. 교회 수련회에서 왜 가요를 따라 율동을 배웠는지 모르겠지만 저 노래가 한참 유행이었던 때였으니 국민학교 3, 4학년쯤이었을 것이다. 요즘도 그런지 모르겠지만 그때는 수련회에 가면 암송 구절을 외워야 밥을 먹을 수 있었다. 성경 말씀은 개역 한글 성경으로 평소에 잘 쓰지 않는 단어들도 많았고 어른들이 보는 성경은 세로 읽기에 한자도 있었다. 읽기도 어렵고 외우는 건 더 싫어했지만 먹으려면 외워야지 별수 있나. 당시 외웠던 말씀은 정말 이상하게도 딱 한 구절만 정확하게 기억에 남아있다.

'주 예수를 믿으라 그리하면 너와 네 집이 구원을 얻을 것이라.'

끼니마다 성경 구절을 외우는 일은 어려웠지만, 적당히 넘어가 주시거나 다 함께 따라 낭독하고 밥을 먹게 해주시는 선생님들 덕에 말씀 못 외워서 밥 굶는 일은 없었다. 교회를 통해 지금까지 여러 수련회를 다녔지만 지금도 잊지 못할 최고의 식단은 양념 통닭이다. 수련회에 참석한 그 많은 사람이 배부르게 먹을 수 있을 정도로 넉넉하게 준비된 통닭을 마음껏 먹을 수 있었다. 우리 가족은 형과 누나를 포함해 다섯 식구였는데 양념 통닭을 일 년에 몇 번 못 먹을 정도로 형편이 좋지 않았다. 가끔 어쩌다 치킨을 시켜봤자 한두 조각 이상 먹는 것은 불가능한 일이었으니 이때의 감동은 지금처럼 1인/1닭을 외치는 시대에서는 오롯이 전달하기 어렵다.

🌱

　수련회의 저녁마다 기도회도 있었다. 기도회를 시작하고 불을 끄면 울면서 기도하는 사람들이 있었다. 나도 다른 사람들처럼 엉덩이를 높이 들고 엎드려서 좌우 사람들의 눈치를 보며 빨리 끝나기를 기다리며 기도회를 버텼다. 기도회가 끝나면 간식이 있다. 힘내자! 옆을 돌아보니 나 같은 아이들이 몇 명 보인다. 옆에서 지켜보니 모습이 제법 웃겨 보였다. 엉덩이를 바싹 올리고 모은 손은 머리에 대고 고개는 서로를 바라보며 킥킥대고 있거나 다들 기도할 때 눈을 뜨고 두리번거리다가 선생님께 걸려서 움찔하는 아이들도 보인다. 아. 나도 걸렸다. 다시 엎드리자.

## 청소년 시절

 믿음만 있으면 구원을 받는다고 하는데 굳이 교회를 계속 다녀야 하는 걸까. 그저 믿음만 있으면 되는데 예배는 왜 드리고 헌금은 왜 내야 할까. 그다지 나에게 설득력이 없었던 천국과 구원에 대한 도식들은 점점 내 안에서 시들해지고 있었다. 심지어 난 천국 가고 싶어서 교회를 다닌 것도 아니지 않은가.

휴거

 중학교 시절 예수님이 오신다고 난리가 난 적이 있다. 한동안 유행처럼 노스트라다무스의 1999년 지구 멸망에 대한 예언과 더불어 예수님이 오시면 세상의 끝이 온다는 휴거와 짐승의 표를 받으면 천국에 갈 수 없다는 말들이 유행했다. 휴거는 예수님이 오시는 기쁜 소식보다 세상의 멸망을 의미하는 것 같았다. 하필 그날은 대낮부터 하늘이 붉게 물들고 구름이 하늘을 가리고 천둥번개까지 쳤다. 분위기로는 당장 예수님이 오셔야 할 것 같았지만 결국은 안 오셨다. 교회에서 본 영화는 농사짓던 사람들이 옷만 남겨지고 사라지거나 옆에 있던 사람이 갑자기 사라져 버리는 내용이었다. 충격적인 것은 신부님인지 목사님인지 성직자만 남아서 예수님이 오셨지만 못 올라갔다며 울던 장면이 생각난다. 오멘이나 엑소시스트 같은 오컬트 장르의 종말을 다룬 이야기들이나 세계의 통화가 통합되고 사람들이 몸에 바코드를 새기게 되면 그게 짐승의 표시이기 때문에 예수님이 오셨을 때 구원을 받지 못한다는 등의 음모론이 담긴 책들이 심심치 않게 학교나 교회의 이슈가 되었다. 다미선교회가 세상의 종말이 온다며 울면서 기도하는 장면들을 라이브 뉴스로 보면서 설마 하면서도 조금은 남아있는 찜찜함에 온 가족이 끝까지 확인하고 잤던 밤도 기억한다.

휴거는 무서운 것이다. 선택받지 못하면 지옥에 가는 것이고 선택받은 사람들은 천국에 간다. 전도할 때도 그랬다. '우리는 죄인이고 우리의 죄 때문에 예수님이 오셨다. 우리가 예수님을 믿어야만 천국에 가고 믿지 않으면 지옥으로 간다. 무엇을 선택할 것인가?' 당연히 천국 가겠다고 말하지, 지옥 간다고 말하는 사람이 누가 있을까? 서태지와 아이들의 3집 카세트테이프를 뒤집어 붙여서 들어보면 '피가 모자라'라는 사탄의 음악이 들린다고 해서 직접 해본 적도 있었다. 구원의 확신이 있냐는 말을 물어보면 확신이 있다고 대답을 해야 천국을 간다. 그렇지 못하면 믿음이 생기게 해달라고 기도를 해야 한다. 그래야 천국에 갈 수 있다. 교회를 다니면서 이런 방식 구원의 확신과 믿음을 확인하는 질문들이 주어질 때마다 늘 불편했다. 주변 사람들을 보면 나도 그렇다고 대답해야 할 것 같은데 나는 아직 그 정도의 확신은 없었고 지옥은 가기 싫은 정도였을 뿐이다. '믿으십니까?'라는 말에 '아멘'하고 대답할 정도의 믿음은 그 때의 나에게는 없었다.

어린 시절의 나에게 천국은 먹을 것 걱정 없이 구름 위를 동동 떠다니며 물을 떠 마시면 음료수요, 나무에는 맛있는 것이 주렁주렁 달려있는, 아픔과 고통이 없는 곳에서 하얀 옷을 입고 지내는 곳이 아닐까 하는 정도였다. 사자가 어린이와 뛰어논다고 하니 초식 사자들이 고양이 마냥 귀염귀염하게 같이 지낼 수 있는 그런 곳. 그나마 이런 상상조차 그림이나 만화 등에서 본 이미지의 영향이 컸다.

교회를 다니면서 천국에 가고 싶다는 마음은 여전했지만, 예배는 지루했고 공과 공부는 재미없었다. 믿음만 있으면 구원을 받는다고 하는데 굳이 교회를 계속 다녀야 하는 걸까. 그저 믿음만 있으면 되는데 예배는 왜 드리고 헌금은 왜 내야 할까. 그다지 나에게 설득력이 없었던 천국과 구원에 대한 도식들은 점점 내 안에서 시들해지고 있었다. 심지어 난 천국 가고 싶어서 교회를 다닌 것도 아니지 않은가.

성경 공부

 공과 공부 시간에는 '말씀과 삶'이라는 교재를 사용했다. 오랜 시간이 지나도 기억에 남는 것은 공과책 표지에 있던 빵 하나를 앞에 두고 기도하는 손모양의 그림이었다. 기도는 그림처럼 손을 쫙~ 피고 합장해서 해야 하는 줄 알았다. 윤성범 선생님이 기도하실 때 실눈 뜨고 봤더니 합장도 안 하시고 깍지를 끼지도 않으셨다. 두 손을 송편 모양으로 손가락을 모아 엇갈려 잡고 기도를 하셨다. 그 모습이 좋아 보여서 다음부터는 그렇게 따라서 기도했다. 손의 모양이 무엇이 중요할까 싶지만, 남들과 다르게 보이는 게 싫어서 기도하는 모습도 따라 하고 예배 시간에 앉았다 일어났다 하는 것도 곁눈질로 눈치껏 흉내 내며 교회를 다녔다. 초등학교 들어가기 전부터 시작했던 공과 공부는 중등부에 들어가서도 계속됐다. 하나님이라는 존재에 대해서 무려 10년 가까이 접하고 있으니 일단 있다고 생각하고 이런저런 기도도 해봤고 가끔은 내가 기대하는 응답을 받고 하나님이 응답하셨구나! 하는 때도 있었지만 한편으로는 우연일 수도 있다고 생각했다.

중학교에 들어가니 점점 함께 뛰어놀던 친구들이 교회에서 사라지기 시작했다. 남아있는 친구들은 나와 무언가 이질감이 느껴졌다. 친구들은 더 이상 놀기 위해 교회에 다니지 않았다. 하나님에 관해 이야기하는 친구들이 생겼다. 흉내만 내던 찬양과 기도를 진지하게 해내는 친구들을 보며 나도 그렇게 되고 싶다는 마음보다 함께 놀아줄 친구들이 없어지는 교회가 낯설어지기 시작했다. 교회 가는 날이 자연스럽게 줄어들었다. 교회는 더 이상 따듯한 곳이 아니라 낯선 곳이 되어갔다. 그렇게 중학교에서 고등학교로 넘어가는 시점에서 자연스럽게 어린 시절부터 다니던 교회를 떠났다.

확신


 나는 공부도 운동도 잘하는 편은 아니었지만, 노래를 좋아했고 잘하고 싶었다. 그래서 고등학교를 진학하고 절친 용현이와 합창부에 가입하고 점심시간이면 밥을 빠르게 먹고 합창부실로 연습하러 올라갔다. 노숙했던 외모만큼이나 가르치는 것도 능숙했던 고2 선배는 마치 선생님처럼 우리를 가르쳤다. 나는 테너 파트에서 노래했고, 용현이는 베이스 파트로 갔다. 매년 연말이면 학교에서 합창제를 열었다. 아직도 그때 부르던 Gaudeamus와 쌍투스가 번안한 Erestu를 생각날 때 가끔 혼자 부른다.
 그해 연말에 나를 합창부로 데려갔던 용현이가 같은 베

이스 파트에 있던 현호에게 전도를 당했다. 그리곤 혼자 가기 싫었는지 나를 끌어들였다. 교회를 안 간 지 일 년쯤 된 시점에 결국 친구 따라 다시 교회로 돌아갔다. 새로 나가게 된 교회는 전에 다니던 곳보다 작은 규모의 교회로 가족적인 분위기였고, 친구가 있어서 외롭지 않게 다닐 수 있었다. 새로운 교회에서는 그 전과 다르게 적극적인 교회 생활을 시작했다.

처음에는 사람들이 좋아서 열심히 교회를 나갔지만, 어느 순간 저 사람들처럼 하나님을 믿고 싶다는 열망이 생겼다. 그러나 없는 믿음이 믿고 싶다고 해서 갑자기 생길 리 없었다. 슬슬 오기가 생겼다. 그래서 어느 날부터 이렇게 기도했다. '하나님 만약 정말 계신다면 나도 좀 믿게 해주세요.' 나는 2주 정도 기간을 정하고 확신이 생기지 않으면 더 이상 하나님에 대한 믿음을 가지지 않겠다는 각오로 기도했다. 아마 이때 하나님을 확신하지 못했다면 나는 지금 교회를 다니고 있지 않을지도 모른다.

주일 예배 시간에 지금은 미국에서 시니어 목회를 하시는 당시에는 전도사님이셨던 김병호 목사님이 설교하셨다. 난 그 설교를 통해 하나님이 나의 기도에 응답하셨다는 것을 확신할 수 있었다. 설교의 내용이 전부 기억나는 것은 아니지만 '믿음은 이해되는 것을 믿는 것이 아니라 믿어야 이해가 되는 것.'이라는 말이 내 기도에 대한 대답으로 다가왔다. 나의 기도에 응답하신 하나님의 메시지에 눈물이 났다. 하나님의 살아계심을 확신하면서 나의 교회생활은 변하기 시작했다.

죄와 회개


하나님에 대한 확신은 나에게 감격과 기쁨의 사건이었지만 부작용도 있었다. 하나님에 대한 믿음이 없을 때는 크고 작은 죄들이 그렇게 신경 쓰이지 않았다. 어차피 믿거나 말거나 아닌가? 그러나 믿음의 확신은 지나온 삶의 모든 죄를 회상하게 만들고 그렇게 이어진 회개 함께 깊은 죄책감에 빠지게 했다. 하나님에 대한 확신이 없을 때 안일하게 살아왔던 나의 행동들이 하나님의 존재를 확신하게 되면서 죄로 인식되기 시작했다.

죄의 문제는 꽤 오랫동안 나를 괴롭혔다. 대부분의 죄는 머릿속에서 일어나는 일들로 욕이나 비속어가 생각날 때마다 괴로워하며 회개했고, 피 끓는 청소년 시기에 음란한 생각들은 회개의 바벨탑을 쌓기에 충분했다. 길을 가다가 혹은 친구들과 있다가도 머릿속에 죄 된 생각들이 찾아오면 때로는 길가에 무릎을 꿇고 기도했고 가까운 건물에 들어가 계단에서 기도했다. 지금 생각해보면 참 유난 떨었다는 생각이 들었지만, 하나님의 실존을 인식하게 된 이후 사람들의 시선은 더 이상 중요하지 않았고 나의 죄를 빨리 회개해야 하는 것이 더 중요했다.

예수님이 우리의 죄를 한 번에 용서하셨고 그 사실을 믿으면 구원을 받는다고 하지만, 나는 여전히 죄의 회개가 없으면 구원을 받지 못할 수도 있다는 두려움이 있었다. 이런 신앙의 문제들을 상담할 멘토가 있었으면 좋겠지만 교회 친구들에게 나의 죄를 나누고 고백할 만한 용기도 없었고 하나님을 믿는 가정도 아니었기 때문에 말할 가족들도 없었다. 교회 선생님들이나 전도사님들이나 목사님도 내 깊은 죄를 고백할 만큼의 내적 친밀감은 없었다. 그저 하나님께 매달려 기도하고 같은 죄와 악한 생각이 떠오르지 않기를 기도할 뿐이었다.

죄의 문제는 구원의 문제와 맞닿아 있었다. 하나님에 대한 확신은 구원에 대한 확신을 의미하지 않았다. 여전히 나는 엄청난 죄인이었고, 이런 죄인도 천국에 갈 수 있다고 말하지만, 하나님에게서 끊어질지 모른다는 불안감이 내 안에 있었다. 차라리 어중간한 믿음이었다면 이렇게까지 두렵지 않았으련만 이제는 확실히 존재하시는 하나님으로 인해 나는 죄에 더 민감해졌고 사소한 작은 죄도 매번 회개했다. 천국의 소망이 큰 만큼 구원받지 못할지 모른다는 두려움은 죄책감을 더욱 부추겼다. 수련회를 가면 예전과 다르게 소리를 지르고 눈물을 줄줄 흘리며 기도했다. 나의 죄를 회개하고 죄 많은 나를 구원해 주신 예수님을 생각하며 울었다. 가끔은 그냥 그 분위기가 좋았다. 내 속에 담겨있던 많은 이야기를 크게 소리 질러 기도하고 응답도 받았다.

어느 순간 회개에 지치게 되더라. 될 대로 돼라 였을까? 이런 시간을 몇 년 보내고 나니 이윽고 무뎌지는 부작용이 찾아왔다. 살기 위한 나름의 몸부림이었다. 지나친 죄에 대한 민감함은 나의 삶을 정상적으로 살아내기 힘들게 했고, 반대로 지나친 죄에 대한 둔감함은 점점 하나님에게서 멀어지게 했다. 나의 내면적인 갈등과는 별개로 나의 일상들은 크게 변함이 없이 이어졌다. 공부에는 별 흥미가 없었지만, 대학에는 가야 한다는 생각과 진로에 대한 부담감 속에 여전히 하고 싶은 것이 무엇인지 몰라 방황하고 있었다.

교회와 문화


 고등학교 시절에 또 다른 이슈는 뉴에이지와 문화였다. '경배와 찬양'이 유행하던 때였고, 찬송가보다 찬양이 많이 불리는 것을 우려하던 시대였다. 진지하게 교회를 다닌 지 얼마 되지 않아서 아는 찬양이 많지 않았고, 남들처럼 찬양하고 싶은 마음에 찬양 테이프도 사서 듣고 가사도 외웠다. 찬양의 가사들은 그 원래의 의미와 상관없이 나의 마음에 위로가 되고 내 마음을 대신하는 고백이 되어주었다. 아저씨 같은 외모였지만 감수성이 풍부했던 청소년의 마음을 간질이기에는 충분했다.
 한편으로 뉴에이지 음악이 유행했다. 교회 안에서는

🌱

그런 음악을 들으면 안 된다는 소문이 돌았다. 세상의 음악을 들으면 우리의 믿음이 오염된다는 취지였던 기억이다. 뉴에이지가 뭔지도 몰랐다. 처음에는 몇몇 곡이었지만 점점 범위가 늘어나서 록이나 메탈 등 좋지 않은 음악은 듣지 않는 것이 좋다. 라는 분위기였다. 각종 미디어에 사탄의 전략이 있다고 주장하는 사람들도 나타났다.

90년대는 문화 대통령 서태지와 아이들의 등장과 함께 예전과 전혀 다른 문화가 시작되었다. 힙합바지와 복고 패션을 비롯한 다양한 새로운 문화들이 들어왔다. 지금이 알파세대라면 이때는 X세대였다. 교회 안에 복장으로 인한 이슈들도 있었다. 동생들이 힙합바지를 입거나 슬리퍼를 신고 예배에 오는 것이 원인이었다. 뭐가 옳은 것인지를 알고 그런 것인지 단순한 기 싸움을 한 것인지 모르겠지만 그때는 빠르게 변하는 문화 속에 적응해야 할 것과 경계해야 할 것들이 혼재한 혼란이 있었다. 교회가 문화를 주도했던 시대에서 이제 세상의 문화에 끌려가는 과도기적 시점이었다. 당시에는 마치 교회가 망하거나 우리의 영혼이 피폐해질 것처럼 염려하던 일들이 몇 년이 지나고 자연스럽게 교회 안에 자리를 잡았다. 문화를 선도하던 교회들이 급변하는 새로운 문화들을 따라가기 시작했고, 교회 안의 신앙을 세상의 문화를 통해 표현하는 시도들이 나타났다. 고전적인 찬송가에서 대중가요 같은 멜로디를 가진 CCM을 지나 시대의 문화를 따라 찬양이나 예배의 모양들이 교회의 우려와 염려 속에서도 빠르게 자리를 잡아갔다. 교회의 문화가 세상을 이끄는 모습은 30여 년이 지난 지금에도 딱히 보이지 않는다. 교회의 문화와 세상의 문화의 구분하는 것조차 어쩌면 선 긋기가 아닐지 생각된다. 더 나은 것 더 좋은 것은 교회로부터 시작돼야 한다는 생각들은 교회를 더욱 세상으로부터 고립시키고 복음을 전하는 걸림돌처럼 느껴졌다.

성찬식


어느 날 교회에서 성찬식이 있었다. 성찬식은 사각으로 잘린 카스테라와 금장이 된 작은 잔에 거의 발효가 안 된 진한 포도주를 예식의 순서에 따라 먹고 마셨다. 교회는 나름 오래 다녔지만, 성찬식에 대해서는 부모님이 교회를 안 다니시니 당연히 배울 기회도 없었고 주변 친구들이나 선생님에게도 성찬식에 대해서 제대로 물어본 적이 없었다. 예전에는 성찬식을 하면 참여하면 안 될 것 같았지만, 그날은 하나님에 대한 믿음의 확신이 있으면 참여해도 될 줄 알고 성찬에 참여했다.

목사님이 하신 말씀 중 기억나는 것은 누구든 자신의

죄를 돌아보고 떡과 잔을 받아야 한다는 말씀이었는데 그때는 무슨 뜻인지 모르고 그냥 죄를 회개하고 성찬에 참여하면 되는 줄 알았다. 성찬이 끝나자, 주변 친구들이 세례를 받았는지를 물어봤고, 믿음 하나로 성찬에 참여했던 내 생각과는 다르게 세례를 받아야만 성찬에 참여할 수 있다는 것을 그때 알았다.

그날 밤 자꾸 목사님의 말씀이 생각나며 나의 죄책감 프로세스가 활발히 돌아가기 시작했다. 내가 해서는 안 될 일을 했고 내 죄를 돌아보지 못하고 감히 허락되지 않은 성찬에 참여했다는 생각에 괴로웠다. 우연히 그날부터 몇 일간 고열에 시달리며 몸살을 앓았다.

성찬은 세례를 받은 뒤 정식으로 참여할 수 있었다. 성찬 때마다 거룩한 분위기 속에 누군가는 눈물을 흘리고 누군가는 그저 매번 하는 익숙함으로 성찬을 대하는 이들도 있었다. 희한하게 떡과 포도주라 부르지만 정작 떡으로 성찬식을 한 경우는 지금까지도 한 번도 보지 못했다. 하긴 무슨 빵인지가 중요한 것은 아니지 않은가? 어차피 무엇을 먹은들 예수님이 드셨던 그 빵은 아닐 것일 테니 말이다. 신학교에 가서야 맛짜라는 이스라엘의 무교병을 먹어봤지만, 그것도 예수님이 드셨던 빵은 아니다.

성찬의 의미는 무엇일까? 그저 세례를 받았다는 이유로 성찬식마다 매번 꼬박꼬박 참여했지만, 정작 성찬의 의미를 마음 깊이 담고 참여했던 것은 아니었다. 경건함 속에 죄를 회개하고 그리스도의 몸과 피라 여기는 카스테라와 포도즙을 마셨고 때로는 눈물을 흘리며 성찬에 참여했지만, 성찬을 왜 해야 하는지도 몰랐고 성찬을 통한 어떤 신비로운 변화도 느껴보지 못했다. 그저 남들 다할 때 멀뚱히 있는 시간이 없어졌고, 새 신자 딱지를 떼고 다른 사람들처럼 교회의 한 명이 되었다는 소속감 정도였다. 이후에도 많은 성찬에 참여했고 집례하는 분들이 예수 그리스도와 하나 됨에 관한 이야기를 매번 말씀하셨지만, 나의 믿음이 더 좋아진다거나 성령의 감동에 불타오르는 경험을 한 적도 없었다.

크리스마스와 철탑


　성탄절은 누구에게나 그냥 즐거운 날이다. 성탄절 아침이면 머리맡에 사탕이 가득 담긴 양말이 놓여 있었고, 교회에 가면 맛있는 간식과 선물도 받았다. 성탄은 어른들에게도 아이들에게도 축제와 같은 날이었다. 그러나 하나님을 만나고 난 뒤 즐겁기만 하던 시간은 끝이 났다. 성탄절이 가까이 오면 해야 할 일들이 많아졌다. 문학의 밤을 준비해야 하고 각 부실의 성탄 장식도 바쁘다. 나는 아는 게 없어서 임원이나 기타 별다른 봉사를 하지는 않았지만, 이런저런 준비를 도왔던 기억들이 추억들로 남아있다.

🌱

 성탄절 준비를 위한 중요한 행사 중의 하나는 점등을 위해 교회 철탑을 알록달록한 전구로 장식하는 일이다. 교회의 철탑을 타는 일은 꽤 스릴 넘치는 일이었는데 창고에서 작년에 쓰던 전구를 꺼내와 터진 전구를 교체하고 철탑에 올라가 묶는다. 처음부터 내가 올라가지는 않았고 나의 기타 선생님이자 미경이의 친오빠였던 사원이 형이 올라가면 난 중간쯤까지 가서 전달해 주는 정도였다. 이 철탑에 올라가면 흔들흔들해서 철탑이 무너지지 않을까 바짝 쪼그라든 마음이었지만 그래도 용기를 내서 함께 탑을 장식하고 불을 붙이면 성탄절 기간에 반짝이는 불빛을 보고 즐거워하는 사람들의 모습을 보는 건 꽤 보람 있는 일이었다.

 12월의 추운 바람을 맞으며 앞장서 철탑을 오르던 사원이 형과 함께 철탑에서 내려왔을 때 미경이가 건넨 사발면은 따뜻했다. 고등학생 때부터 시작한 이 일을 교회가 새 성전으로 이전하고 나서까지 하게 될 줄을 몰랐고, 심지어 전도사 때도 부목사 때도 성탄 장식을 챙겨야 했다. 그때부터 지금의 봄꽃교회에서까지 성탄절 장식을 꾸미고 있는 자신을 보면 헛웃음이 나온다. 그때는 학생들이 하는 게 당연했고, 또 어느 순간 자연스럽게 청년들이 하고 있고, 또 자연스럽게 전도사가 목사가 하는 것이 당연해졌다. 교회에 사람들이 적어지면서 봉사를 하는 사람들도 적어졌고, 봉사에 대한 인식도 달라졌다.

연말에 학생회에서 하는 문학의 밤에는 누구도 할 사람이 없을 것 같은 깔대기파 건달역을 맡아서 최초이자 마지막으로 출연했다. 지금은 일본에서 지내는 내 친구 민기와 이 이야기를 하면 수치스러워 입에 꺼내기 싫다고 말하지만, 그래서 더 잊고 싶지만 잊히지 않는 기억이 되어버렸다. 깔때기 깔때기 하며 머리 위로 삼각형을 만드는 율동을 하다가 사람들에게 쫓겨나는 한 20초 정도 출연하는 단역이었다. 엄청난 열을 내는 원형 핀 조명에 붙어서 물에 적신 수건을 붙들고 수고했던 태훈이, 주봉이도 생각난다. 이제는 각자의 자리에서 든든하게 자리를 잡은 이 둘은 가끔 등산도 가고 캠핑도 함께 가서 맛난 밥도 사고 우리 교회를 위해 헌금도 한다. 고등학교 시절의 다이내믹 했던 시간에는 늘 교회가 함께 있었다. 그때는 교회의 일을 하는 것은 노동이나 힘든 일이라기보다 즐거운 일이었다. 교회를 위해 하는 것은 하나님을 향한 열심을 의미했다. 함께하는 교회 식구들과의 시간은 힘들기보다 즐거움이 더 컸다. 억지로 가 아니라 즐겁고 재미있어서 교회를 찾았다. 봉사의 권고는 있을지언정 억지로 맡겨지는 경우는 없었다. 적어도 나에게는 그랬다. 안 가면 그만이니까. 교회의 일에 참여하는 것은 그것이 무엇인지 얼마나 힘든지보다 함께하는 그 자체가 행복해서 즐겨 했었다.

신학교


하나님에 대한 확신은 있었지만, 여전히 아는 건 없었다. 교회의 문화도 교리도 성경에 대해서도 아는 것이 없었다. 어릴 적부터 교회를 다녔지만, 그 긴 시간 동안 하나님께 진지한 적이 없었으니 기억에 남는 것이 없는 것도 당연했다. 교회 안의 문화들은 모두 낯설고 어려웠고 아는 찬양이나 찬송가도 많지 않았다. 하나님을 더 깊이 알고 싶은 마음은 있었지만, 방법을 몰랐다. 성경은 혼자 보기에는 너무 많았고 어려웠다. 공과 공부는 너무 단편적인 정보라 공감도 되지 않고 설득력도 부족하게 느껴졌다. 설교나 주변 사람들을 통해 얻게 되는 단편적인 지식

🌱

보다 좀 더 깊이 하나님을 알고자 하는 열망이 생겼다.

전문 사역자가 되고 싶은 마음은 없었지만, 하나님을 좀 더 알고 싶은 마음으로 '하나님 저 같은 사람도 신학교를 가도 될까요?'라고 기도하기 시작했다. 마치 하나님의 실존을 두고 했던 기도처럼 하나님을 알고는 싶은데 감히 하나님의 종들을 세우는 신학교에 갈 수 있을까에 대한 질문을 하나님께 하기 시작했다. 그렇게 기도 중에 나에게 주신 말씀이 있었다. 성경에 대해서 그렇게 잘 알고 있지 못했지만 정말 거짓말처럼 떠오르는 구절이 있었다. 창세기 12장의 말씀이었다. 지금이야 당연히 있는 말씀이겠거니 하겠지만 당시는 정말 놀라웠다. 우연인지 그냥 나의 열망인지 성경을 잘 모르니 알고 있는 구절도 없는데 그냥 성경 구절이 떠올랐다. 심지어 그 본문에 그 구절이 있는 구절인지도 몰랐기 때문에 궁금하고 신기한 마음에 기도 중간에 성경을 찾아보았다. 그렇게 아브라함에게 가라고 명령하신 그 말씀을 보고 신학교를 가겠다고 확신했다. 그러나 세례를 받은 지 1년이 넘지 않아 추천서를 받을 수 없었고 결국 일반대로 진학하여 졸업 후 신학대학원으로의 진학을 계획했다.

여호와께서 아브람에게 이르시되 너는 너의 고향과 친척과 아버지의 집을 떠나 내가 네게 보여 줄 땅으로 가라 내가 너로 큰 민족을 이루고 네게 복을 주어 네 이름을 창대하게 하리니 너는 복이 될지라 너를 축복하는 자에게는 내가 복을 내리고 너를 저주하는 자에게는 내가 저주하리니 땅의 모든 족속이 너로 말미암아 복을 얻을 것이라 하신 지라

*(창세기 12:1~3)*

## 청년 시절

우리의 생각과 계획을 뛰어넘으시는 하나님은 단순히 눈앞에 크고 작은 문제들만 해결해 주시는 분이 아니라 우리가 잊고 있을지라도 우리의 기도를 잊지 않으시고 응답해 주시는 분이셨다. 이후로도 지금까지 하나님은 내 기도를 응답하지 않으신 적이 단 한 번도 없다. 내가 원하는 방식이든 하나님이 원하시던 방식이든 기도한 것을 분명히 응답을 받았다.

스무살

나에게는 후회 없는 스무 살을 보내겠다는 로망이 있었다. 나이가 들어서 그때 해볼 걸 하는 아쉬움이 없는 날들을 보내고 싶었다. 술도 많이 마셨고 사람들도 많이 만났다. 교회는 자연스럽게 멀어졌다. 하나님을 알고 싶다는 마음에는 변함이 없었지만 내 삶에는 많은 변화가 찾아왔다.

한참 유행하던 PC 통신으로 동호회에 가입해서 새로운 사람들을 만나는 즐거움에 흠뻑 빠져있었다. 춤을 배우고 싶어서 한동안은 힙합과 비보잉에 빠져 살았다. 새로운 사람들과 여행도 가고 해보고 싶었던 일들을 마음껏 누렸다.

강남에 있는 컴퓨터 학원에 전화로 영업을 당해서 부

🌱

모님께 컴퓨터 그래픽을 배우고 싶다고 말씀드리고 등록금을 내는 대신 1년짜리 컴퓨터그래픽스 과정에 등록했다. 포토샵과 일러스트, 프리미어, 3D모델링과 영상편집을 배웠다. 학원에 다니면서 아르바이트도 병행했다. 새벽까지 일을하고 학원은 오전 7시 첫 수업으로 수강했다. 집에 가서 오후 4시나 5시쯤까지 자고 저녁에 출근해서 다음 날 새벽까지 강남에 있는 유명한 포차에서 일했다. 여기 사장님은 지금 엄청나게 유명해지셨더라. 하핫.

군대 가기 전까지 학원과 아르바이트를 병행했다. 휴학 기간 동안 서울에 있으면서 동호회 모임을 더 활발히 활동했다. 동호회 운영을 맡아서 모임을 홍보하고 더 많은 사람을 만났다. 매번 만나서 술 마시고 노는 것이 의미 없다는 생각에 꽃동네로 봉사를 하러 간 적도 있다. 그날 새벽에 일찍 일어나 참치 치즈 김밥을 말아서 같이 가는 사람들을 위한 도시락을 준비했다. 하필 그날은 꽃동네 김장하는 날이었는데 태어나서 지금까지도 그렇게 많은 양의 배추는 처음 봤다. 같이 갔던 친구들도 정말 열심히 봉사했다. 열심히 놀고 열심히 살았다. 군대에 가기 전까지 주야장천 일하고 공부하고 먹고 마시고 놀았다. 가끔 교회를 나가기는 했지만, 예전만큼의 열심은 없었다. 반전이 있다면 이런 삶을 살면서도 하나님에 대한 확신이나 알고자 하는 생각에는 변함이 없었다.

    살면서 후회를 전혀 하지 않았다고 말하면 거짓말이겠지만 선택의 결과는 대부분은 받아들였다. 내 삶의 주인은 나고 내가 한 선택이니 결과가 어떻든 다른 누구도 원망하지 않았다. 당장의 문제들에 대해서 내가 할 수 있는 일이 있다면 고민하겠지만 내 손을 떠난 일이라면 더 이상 신경 쓰고 싶지 않았다. 나의 신앙에는 이런 성향도 담겨있다. 내가 하지 못할 것은 하나님께 기도하고 맡겨버렸다. 물론 그 과정이 쉽지 않지만 일단 무엇이든 정해지고 나면 주저앉아 있기보다 앞으로 나아갈 고민을 하며 살아왔다. 성공적인 삶은 아니었지만, 후회는 없는 삶이었다. 하나님이 주신 인생 하나님이 쓰신다고 하시면 내 삶을 어떻게 드릴지만 고민하면 된다고 생각했다.

군대


휴학하고 이제는 슬슬 입대를 고민해야할 시기가 왔다. 당시에는 희망하는 입영 날짜를 신청해도 이쯤 되면 오겠지, 하는 정도지 원하는 날짜에 입영하는 방식은 아니었다. 넉넉하게 신청했던 영장이 예상보다 빠르게 한 달여를 앞두고 갑자기 나왔다. 아르바이트를 급하게 그만두고 입대 전에 마지막 청춘을 알코올을 연료 삼아 불태웠다. 군대 가기 전에 따려고 했던 태권도 단증과 컴퓨터그래픽스 운영사 자격증도 입영 날짜 때문에 포기하고 그간의 노력이 무색하게 군대로 끌려갔다. 아 그리운 세상이여.

전방에 있는 훈련소에 입소해서 GOP에 투입된 부대에

배치됐다. 눈이 살벌하게 내리는 날 소대 선임의 과장된 엄포를 들으며 그렇게 군대 생활을 시작했다. 각 소대가 떨어져 있다 보니 GOP에 있을 때만 소대 군종으로 종교 행사를 인솔해 다녔다. 군대에 있는 동안은 오히려 교회를 더 열심히 찾아다녔다. 찬양하고 싶었지만, 짬이 안 되면 감히 기타를 만지지도 못했다. 어느 정도 짬이 차고는 기타를 배워 보겠다고 뚱땅거리며 후임들의 귀를 괴롭히며 찬양했다. 기타는 찬양을 위해 필요한 도구였지 아름다운 연주가 목적은 아니었다. 그래서 그런지 지금도 기타 실력은 그다지 늘지 않았다.

군대에서는 교회만 열심히 다녔지 그렇게 거룩한 삶을 살아가지는 못했다. 교회 열심히 다니던 옆 소대 후임 병국이는 나에게 욕 좀 그만하라고 말했다. 하나님에 대한 나름의 열심도 있었지만 군대라는 곳의 특수성에도 잘 적응해서 희대의 악당 선임까지는 아니었지만 그렇다고 교회 다니는 착한 선임도 아니었다. 열심히 교회를 찾았던 이유는 찬양하고 싶은 마음이 가장 컸었다. 그래서 내무실이 교회보다 편해지는 선임 시절에도 예배는 빠지지 않았다.

강원도는 산이 많아서 군대 생활이 힘들고 여름에는 풀

을 뜯고 겨울에는 눈 쓸다보면 하루가 갔다. 한여름에 하는 행군은 군장이고 총이고 집어 던져버리고 싶은 생각이 들 정도로 힘들었다. 길옆에 흐르는 시원한 계곡물에 몸을 푹 담그고 싶은 마음도 굴뚝같지만, 계속 걸어야만 했다. 그렇게 걷다 보면 군장이 어깨를 짓누르고 군화는 점점 무겁게 느껴진다. 군장으로 무거운 어깨에 총을 걸치고 그 총 위에 손까지 올리고 걷다 보면 아무 생각이 없어진다. 멍하니 걷는 중에 어느 부대 벽에 성경 말씀이 보였다. 행군하는 이들을 위해 써 놓은 것인지 모르겠지만

*'수고하고 무거운 짐 진 자들아, 내게로 오라'*

아! 주님이 내 짐 좀 덜어주셨으면 좋겠다고 생각했다. 불가능한 일이겠지만 부대를 오갈 때마다 그 말씀을 보며 나의 무거운 진짜 짐들을 들어주셨으면 하는 생각을 했었다. 강원도의 겨울은 눈이 엄청나게 내린다. 눈을 쓸고 나서 뒤돌아보면 또 하얗다. 하늘에 눈이 멈추기 전에는 빗자루질은 끝나지 않는다. 그나마 이렇게 도로를 정비하지 않으면 GOP에 보급품이 못 올라간다. 한번은 선임들이 식료품 보급을 위해 차가 못 올라오는 산 아래까지 가서

직접 메고 온 적도 있었다. 그래. 먹는 건 중요한 일이니까 치워야 한다. 분명한 건 하나님이 이 하얀 눈을 계속 내려주시는 건 아닐 것이다. 그러니 선임들이 악마의 똥 가루라 그러지. 악마들아, 똥 좀 그만 싸라!

나는 겨울 군번으로 12월에 입대해서 2월에 제대했다. 하필 제대할 때도 눈이 엄청나게 내려서 전역 신고를 위해 눈을 헤치고 고지 꼭대기에 있는 산으로 올라가서 전역 신고하고 제대했다. 그렇게 강원도 철원의 눈발을 맞으며 입대해서 눈발을 맞으며 제대하고 대학교에 복학했다. 하나님은 여전히 나와 함께 계셨다.

DFC

복학하고 같은 학과 성훈이 형의 권유로 D.F.C(Disciples For Christ)라는 기독교 동아리에 이름을 적어 넣었다. 사실 동아리방을 빼앗기지 않기 위해 이름이 필요했을 뿐이었지만 그래도 가입을 했으니 완전히 모르는 체할 수는 없는 노릇 아닌가. 그렇게 몇 번의 연합 집회에 따라가고 전국 대학생연합 수련회에 참가했다가 정신을 차리고 보니 내 삶은 하나님께 드려져 있었다. 당시 한참 유행하던 '콜링'의 순서는 기도회의 마지막에 '하나님께 삶을 드리기로 한 사람들은 자리에서 일어나라'라고 멘트를 던진다. 나는 분위기 탓인지 내 삶을 하나님께 드리겠다고 고백을 해버렸는데 이게 낙장불입이었다. 이때의 약속은 하나님이 함께하신다는 아동부 선생님의 엽서와 하나님을 향한 삶을 확신케 했던 창세기의 말씀과 더불어서 내 삶을 완전히 하나님께 몰빵하게 된 계약의 하이라이트임이 분명했다. 그러나 이런 고백과는 별개로 복학 후 대학 시절의 신앙생활은 그렇게 거룩하지 못했다. 대학 시절에는 차비 때문에 서울 집으로 가지 않을 때가 많아서 근처에 있는 개척교회에서 예배를 드렸었다. 한 번은 이 교회에서 만난 친구랑 술자리에서 만난 적이 있는데 내가 다소 미친놈같이 보였을지 모르겠지만 술자리에서도 기도했다. 술도 안주도 하나님이 만드신 것인데 감사하지 않을 이유가 없다고 생각했다. 그때 이 친구가 술 마시는데 왜 기도하느냐고 화를 냈다. 믿음이 좋았던 그 친구는 양심인지 믿음인지 마음에 걸림이 있었는지 화를 내며 그대로 나갔고 나는 나대로 신경 쓰지 않고 열심히 마셨다. 항상 죄를 짓지 않고 살았던 것은 아니었지만 죄라 여기고 마음에 걸린다면 하지 않아야 한다고 생각했다. 함께 동아리를 하던 성훈이 형은 간혹 나에게 쓰레기라고 말해놓고선 이내 '아니야 미안하다'를 반복했다. 내가 그렇게 쓰레기처럼 보이는 삶을 살았었나 보다.

🌱

학교에서 학회장도 하고 학교 행사들도 진행해 보고 다양한 경험을 했다. 어떻게 보면 그냥 평범한 대학생의 일상이지만, 교회 다니는 청년의 삶으로는 적절하지 않은 삶을 살았다. 이런 쓰레기 같은 삶에도 하나님은 나와 함께 계셨다. 거의 매주 학교에서 아르바이트하거나 차비 아끼려고 서울에 잘 안 올라가기는 했지만, 서울에 가게 되면 예배는 또 잘 참여했었다.

은사

졸업하고 본격적으로 신학대학원을 위한 공부를 시작했다. 가정의 상황이 학업을 지원받기에 여의찮아서 이런저런 아르바이트를 하며 공부해야 했다. 주민센터헬스장 관리부터 주차 안내, 택배상차, 가락시장에서 물건 배달, 판매 대행도 했었다. 공부하기 위해 전업보다 시간제나 아르바이트로 짧게 일했었다. 교회에 있는 시간도 점점 늘어났다. 주중에 교회에 가는 날과 아침부터 저녁 늦게까지 교회에 있게 되는 날이 점점 많아졌다. 하남으로 교회가 이사한 뒤에도 여전히 성탄절에는 탑도 올랐고 부서 봉사도 열심히 참여했다. 여전히 나는 교회에서 잔뼈가

굵은 친구들보다 아는 것도 믿음도 적다고 느꼈고 시키는 대로 열심히 봉사하는 것이 하나님에 대한 순종이라 생각했다. 교회에 자주 갈 수 있게 된 만큼 교회 봉사에도 열심을 부렸다. 특별 새벽예배는 21일이든 40일이든 기간에는 일하든지 공부하든지 잠은 교회에서 자면서 예배에 참여했다. 전도사도 아니면서 전도사님과 같이 교회 난방기 기름을 넣고 불을 켜고 예배당을 덥히고 방송실 음향 장비를 준비하고 예배에 오는 성도들을 맞이했다.

이즈음에 매일 새벽마다 혼자 새벽예배를 드렸다. 새벽 4시나 5시쯤 눈이 뜨면 일어나서 특새가 없더라도 집에서나 혹은 교회에서 잠을 자게 되는 날에도 혼자 있을 곳을 찾아 말씀을 읽고 찬송을 부르고 예배를 드렸다. 사도신경, 말씀, 찬송, 기도, 주기도문으로 이루어진 단순한 예배였다. 겨울 수련회 때 집회를 마치고 간식도 먹고 이야기를 나누다가 혼자 나와서 평소처럼 예배드렸다. 그런데 기도하는 도중 자꾸 입에서 이상한 말이 나왔다. 그래서 기도를 멈췄다가 다시 기도를 시작했지만, 또 이상한 말이 튀어나왔다. 잠깐 어버버 거리다가 그냥 예배를 마치고 형제들이 자는 방으로 돌아왔다. 자는 줄 알았던 형들이 어딜 갔다 왔냐고 물어봐서 혼자 예배를 드리다가 입에서 자꾸 이상한 말이 나온다고 말했더니 방언이란다.

나의 첫 성령의 은사는 그렇게 받았다. 방언의 은사는 받았지만, 도무지 무슨 소리인지 말하는 나도 못 알아먹겠더라. 사람들 얘기를 들어보니 통변의 은사가 있다길래 한동안 통변의 은사를 두고 계속 기도해 봤지만 결국은 받지 못했다. 그래도 이젠 하고 싶은 기도를 마음껏 할 수 있었다. 내가 남들에게 말하지 못할 부끄러운 죄의 고백들을 소리 높여 기도해도 방언으로 나와서 마음 편히 부르짖을 수 있었다. 귀신을 쫓는 은사나 병을 고치는 은사들도 구하면 주신다고 해서 그렇게 기도했지만, 은사를 주지 않으셨다. 나중에 사역하면서 성령의 은사에 대해 깊게 고민해 볼 기회가 있었는데 이런 내 생각들이 얼마나 어리석은 생각인지를 그때 깨닫게 되었다.

은사는 은혜로운 선물이다. 카리스마라는 헬라어는 선물이라는 뜻이다. 일방적으로 주어지는 선물인 은사의 근원은 하나님이다. 은사를 주는 존재가 하나님이라는 것은 그 은사를 행하게 되는 사람이 그 능력의 발현자가 아니라 하나님이 능력의 발현자인 것을 의미한다. 은사의 발현은 사람에게 귀속된 능력이 아니다. 하나님의 의도와 필요에 따라 선물처럼 주어진 하나님의 능력을 경험하는 순간이다.

하나님의 능력을 경험하는 은사는 사람을 높이기 위해 주어지지 않는다. 우리가 하나님의 뜻과 계획 가운데 있을 때 하나님의 필요에 따라 우리를 통해 나타나는 것이 바로 하나님의 은혜로운 선물이다. 그저 신비한 능력을 갖기 원하는 마음으로 아무리 기도하고 바라봤자. 그 능력의 결과가 하나님께 영광이 되지 못한다면 하나님에게서 온 은사라 할 수 없다. 이 능력은 하나님에게서 나오는 것이기 때문에 어느 한 사람에게 귀속되어 그 사람의 의지대로 그 사람에게서만 발현되는 성질의 것이 아니라는 것이다. 은사는 하나님의 영광을 위한 목적으로 발현되는 성령의 신비이다. 교회 사역을 하면서 성령과 은사에 대한 오해들은 평신도뿐 아니라 사역자들도 가지고 있었다. 하나님은 개교회의 부흥이나 개인의 특별함을 드러내기 위해 은사를 베풀지 않으신다. 은사의 발현이 나타나는 것은 하나님의 분명한 목적 안에 경청자로서 함께하는 것이고 그 일을 통해 높여지고 알려질 분은 하나님밖에 없다. 누가 은사를 경험했는지보다 왜 은사가 발현되었는지가 더 중요한 지점이다. 우리는 우리 스스로조차도 하나님의 영광을 위해 창조됐다는 사실을 잊어서는 안 된다.

전도


교회에서 보내는 시간이 많아지면서 여러 가지 전도 프로그램을 배울 기회가 생겼다. 당시 청년부를 담당했던 전도사님은 굉장히 전도를 열심히 하는 분이셨는데 다양한 전도 방법을 숙지하고 성경 공부를 진행하셨고 요일과 장소를 정해서 사람들에게 전도하도록 지도하셨다. 거리에서 만난 사람 중에는 자신이 경험했던 교회의 기억을 나누는 사람들도 있었고 용기를 갖고 교회로 나오는 경우들도 간혹 있었다. 그러나 대부분은 전도에 거부감을 가지고 있었다. 어떤 사람들은 침을 뱉고 욕을 하는 사람들도 있었지만 전도를 하나님이 기뻐하실 것이라 생각하며 그 사람을 위해 기도했다. 끝나고 교회로 돌아와서 그날 만난 사람들의 이름을 두고 함께 기도했다. 전도를 한창 할 때 내 머리카락 색은 완전 노란색이었는데 나름 '나 같은 사람도 예수 믿습니다.' 하는 생각이었지만 지금 생각해보면 그냥 유난스러웠다 싶다. 전도사님의 가르침에 한동안 순종하는 마음으로 성경 공부도 전도도 잘 따라다녔지만, 지나친 보수적 신앙의 지침들과 마치 전도 외에 다른 모든 것들은 의미 없고 쓸데없는 것으로 치부해 버리는 바람에 몇 번의 충돌이 있었다. 심지어 자기 생각과 다른 사람들에게 분쟁을 일으키는 사탄의 역사라는 표현에 마음이 크게 상해서 전도사님과 싸우고 완전히 틀어졌다.

이해되지 않아도 순종하는 마음으로 성경 공부에 참여하고 노방전도를 나섰지만, 몇몇 건의들을 했다고 사탄의 앞잡이가 된 기분은 썩 좋지 않았다. 전도사님과 사이가 좋든지 말든지 나는 한 영혼을 전도하는 문제에 대해서는 상당히 진지했다. 마치 전도하지 않으면 잃어버린 영혼을 버리는 행위처럼 여겨져서 마음에 불편함이 있었다. 매일 하루에 한 명에게 복음을 전해야 하는 등의 보수적이고 강도 높은 전도 훈련들은 이런 마음을 더 불편하게 만들었다. 우리는 잃어버린 영혼들을 구하기 위한 사명자들 같았다.

장로교의 교리상 하나님의 선택과 유기는 이미 정해져 있다고 말한다. 우리의 전도가 한 영혼을 구할 수 있다면 구원의 능력이 우리에게 있는 것이 아닌가? 전도는 이상한 모순을 가지고 우리에게 호소했다. 옆집과 동네 사람들에게 복음을 전하는 것은 사명이며, 전도해서 데려오는 것이 자랑과 기쁨이 된다. 구원할 수 있는 능력은 없는데 구하려 하지 않았다는 죄책감을 더해주다니. 구하려 해도 구할 수 없는데 굳이 구하려 노력해야 할까. 그것이 전도일까. 그리스도의 제자가 되는 것은 그의 가르침을 배우는 것이며 그렇게 살아가는 것이라면, 우리가 전하고 가르쳐야 하는 것은 분명한 일이지만, 그 행위 간에 그 영혼의 구원받지 못한 것에 대한 책임을 져야 할 필요는 없지 않은가. 마치 내가 전하지 않아 죽은 영혼의 책임이 나에게 있는 것처럼 전도를 강요하고 선교를 종용하는 것은 전혀 이해되지 않았다. 그때는 그렇게 책임감과 부담감의 그 중간 어디쯤에서 그저 아는 것이 없으니 그런가 보다 하고 순종했었다. 나는 하나님에 대해 아는 게 없으니까.

지금은 전도를 목적으로 인위적인 무엇인가를 하지 않는다. 전도는 스스로 하나님을 자랑스럽게 여기고, 예수님의 복음을 감사하게 여길 때 자연스럽게 이루어져야 하는 것이 아닌가? 출석하는 교회가 남들에게 소개하고 싶을 정도로 좋다고 느껴질 때 자연스럽게 함께 가보자고 말할 수 있겠다. 우리에게 구원의 능력은 없다.

부모님

 밖으로 나가 생판 모르는 사람들에게 전도하다 보니 가족들에 대한 부담이 생겼다. 길에서 만난 모르는 이들을 위해 소리 내어 기도하고 안타까운 마음을 가지면서 왜 가족들에게 복음을 전할 생각을 안 했을까. 어쩌면 안 한 것이 아니라 내 삶이 복음을 전할 만한 삶을 살아내지 못했다는 생각에 외면한 것인지도 모르겠다. 가족들은 나를 누구보다 잘 아니까.
 한 날은 용기를 내서 아버지께 복음을 전했다. 아버지는 예수님의 이야기보다 내가 아버지를 사랑한다는 말을 더 마음에 담으셨다. 이후 몇 번의 권유에 부모님이 하남에 있는 교회까지 몇 번 오셨었지만, 교회에 들어오실 때 얼굴만 잠깐 뵙고 돌아가실 때는 배웅도 제대로 하지 못했다. 아직 신앙이 없으신 부모님이 먼 곳까지 와서 예배를 드리셔도 방송실을 맡다 보니 함께 앉아 예배도 드리지 못하는 것이 마음에 걸렸다. 결국, 담임목사님께 부모님이 집 가까운 교회에 적응하실 때까지 부모님을 모시고 집 가까운 교회를 다니겠다고 말씀드리고 잠시 교회를 떠났다. 어느 교회에 가야 할까를 고민하다가 집에서 가장 가까운 교회로 부모님을 모시고 갔다. 감리교회였는데 하필 첫 예배의 경험부터 좋지 않았다. 원래 그런 분위기를 가진 교회인지 모르겠지만 그 교회 담임목사님은 예배 중간에 찬양대 인도자를 일으켜 세우시더니 악보를 외우지 못하고 보며 찬양했다고 혼을 내셨다. 목사님보다야 젊겠지만 나이도 젊지 않은 분이 어쩔 줄 몰라 하시며 고개를 숙이셨다. 큰 규모의 교회였고 예배에 참여한 수가 못해도 수천 명은 되는데 그 많은 사람 앞에서 예배 중에 일으켜 세워 혼낼 일인지 의문이 들었다. 설교 중에는 선교지에 교회를 세운 사진들을 영상으로 보여주며 OOO 성도가 자신의 전 재산을 바쳐 00개의 교회가 개척 할 수 있었다며 이게 진짜 믿음이라는 멘트를 날렸다. 개인적으로 이게 교회인가 싶었다. 함께 드린 첫 예배에 참 당혹스러웠다. 부모님의 반응도 차가웠다.

결국, 그다음 주에 새로운 교회를 찾아갔다. 이번에는 같은 교단 교회 중에 어느 정도 규모가 있는 가장 가까운 교회로 부모님을 모시고 갔다. 다행히 무난하게 첫 예배를 마치시고 어머니는 계속해서 교회를 다니셨지만 아버지는 이후에도 수많은 핑계를 대시며 교회를 가지 않으셨다. 가끔 새벽예배를 드리시거나 어머니와 함께 예배에 참여하신 적은 몇 번 있으셨지만 믿음을 가지고 예배드리셨다기보다 필요할 때만 교회를 찾으셨다. 여전히 아버지는 자칭 '나이롱 신자'로 남아 계시지만 어머니는 권사로 임직을 받으시고 지금은 은퇴 권사가 되셨다. 아버지의 걸작 같은 말씀은 '마지막에 십자가를 훔친 도둑놈이 되겠다'는 말이다. 아버지... 그 십자가는 훔쳐 가라고 있는 건 맞지만 문제는 언제가 마지막인지 아무도 모른답니다.

기도


아버지는 할머님께 마음에 큰 짐이 있으셨다. 아버지가 젊은 시절, 할머니가 많이 아프시던 때가 있었다고 한다. 젊었던 아버지는 술을 잔뜩 드시고 그렇게 아플 거면 돌아가시라고 말씀하셨다. 그리고 거짓말처럼 그날 할머니께서 돌아가셨다. 할머니를 향한 후회와 그리움은 고스란히 우리 가족에게 고통으로 돌아왔다. 내 기억이 시작되는 순간부터 아버지는 항상 술에 젖어계셨고, 집안은 엉망이었다. 어머니는 그런 아버지를 피해 몰래 일을 다니셨다. 일하시는 곳을 아버지가 알면 쫓아가서 난리를 부리실 때도 있었다. 어렸던 나는 술 심부름으로 학교에 못 간 날도 있었고, 좀 컸던 형은 맞기도 많이 맞았다. 어머니와 우리 남매들은 상황은 경제적으로든, 정서적으로든 좋을 수가 없었다. 어릴 적 교회를 다니면서 하나님에 대한 확신은 없었어도 매번 하던 기도는 아버지가 술을 끊는 것이었다. 교회에서 하나님께 기도하면 들어주신다는 말을 듣고 나서부터 꽤 오랫동안 기도하다가 어느 순간 지쳐서 시나브로 기도를 멈췄었다. 놀랍게도 아버지는 내가 고등학교에 진학하고 1학년인가 2학년인가 지금 생각해보면 다시 교회를 나가기 시작한 시점쯤에 완전히 끊으셨다. 담배도 몇 해 뒤에 끊으셨다. 이때까지만 해도 나는 내가 아버지의 술을 끊게 해달라는 기도를 했다는 사실조차 기억하지 못했다.

시간이 한참을 흘러 대학을 졸업하고 신학을 준비할 때 설교 시간에 하나님의 계획은 사람의 계획과 다르고 그 시간과 깊이가 다르다는 설교를 듣고 있을 때 불현듯 예전에 했던 기도가 생각이 났다. 하나님은 어릴 적 열심히 했던 기도를 한참이 지난 뒤에 응답하셨고, 또 그것이 하나님의 응답인 것을 10년 뒤에 깨닫게 하셨다. 기도와 응답과 깨닫게 하심까지 걸린 시간이 20년이다. 이때 이후로 하나님을 향한 기도와 응답에 대한 편견들도 완전히 바뀌었다. 아버지는 할머니께 무거운 마음에 빚을 가지고 계셨기 때문에 제사는 우리 집안의 아주 중요하면서도 무거운 행사였다. 나는 어릴 때 제사 끝나고 먹는 음식들이 좋았다. 무거운 분위기는 싫었지만 제사가 끝나면 평소보다 푸짐하게 차려진 음식을 마음껏 먹을 수 있었다. 하지만 교회를 다니면서는 우상과 제사에 대한 말씀이 마음에 걸리기 시작했다. 어느 순간부터 제사를 지내지 않겠다고 선언하고, 우리 집안에서 제사가 드려지지 않기를 하나님께 기도했다. 명절이나 제사를 지내야 하는 날이면 집 앞 교회에서 가서 기도하며 제사가 끝나기를 기다렸다, 제사가 끝나면 어머니가 와서 밥 먹으라고 연락을 주셨다. 절은 하지 않아도 상 차리는 거라도 도우라는 형과 마찰도 있었다. 혼자 제사상을 차리고 절을 해야 했던 형의 마음도 이해는 되지만 우상을 섬기는 일이 옳지 않다고 생각한다면 돕는 일 역시 하면 안 된다고 생각했다. 놀라운 일은 우리가 결혼한 그해에 아버지께서 제사를 없애셨다. 아버지는 며느리도 교회를 다니고 너도 교회를 열심히 다니니 이제 제사는 그만 드리고 예배로 드리자고 말씀하셨다. 이렇게 쉽게 바뀔 일이라 생각하지 못해서 당황스러웠지만, 하나님께 감사할 뿐이었다. 단번에 수십 년 동안 이어지던 제사가 추도예배로 바뀌게 되었다. 우리의 생각과 계획을 뛰어넘으시는 하나님은 단순히 눈앞에 크고 작은 문제들만 해결해 주시는 분이 아니라 우리가 잊고 있을지라도 우리의 기도를 잊지 않으시고 응답해 주시는 분이셨다. 이후로도 지금까지 하나님은 내 기도를 응답하지 않으신 적이 단 한 번도 없다. 내가 원하는 방식이든 하나님이 원하시던 방식이든 기도한 것을 분명히 응답을 받았다.

입시


처음 가고자 했던 학교는 서울에 있는 장로회신학대학교 대학원이었다. 가깝기도 했고 거기밖에 없는 줄 알았다. 성경 고사가 어렵기로 유명했고 영어 점수도 어느 정도 이상이 되어야 합격할 수 있었다. 가족이 교회를 다니지 않으면 가족부터 구원하고 오라고 면접에서 떨어트리는 교수님이 있다는 소문도 있었다.

입시자료를 구해서 기출 문제들을 공부하고 성경 강의를 듣고 외우며 시험을 준비했다. 200구절에 달하는 암송 구절을 노래 대신 MP3에 담아 듣고 다녔다. 입시를 위한 공부는 대부분 교회에서 공부하거나 지역 무료 도서관을 이용했다. 이때 생각하길 누가 240만 원만 후원해 줬으면 하는 생각을 했었다. 한 달에 20만 원이면 식비 걱정하지 않고 공부만 할 수 있겠다 싶었다. 도서관에 도착하면 500원짜리 헤이즐넛 커피믹스를 하나 마시고 삼양라면과 삼각김밥을 세트로 1,000원에 파는 메뉴로 점심을 해결했다. 저녁은 될 수 있는 대로 집에 가서 먹었다. 한창 공부할 때는 살이 많이 빠져서 피골이 상접한 상태였었는데 그때 찍은 사진을 아내가 보더니 당신이 사진처럼 이랬으면 안 만났을 것이라 말하더라. 하핫. 그렇게 한 해를 보내고 첫 시험에서 떨어졌다. 공부하면서도 중간중간 아르바이트로 용돈 벌이 정도 하며 공부했지만 더 이상 공부만 할 수 있는 상황이 아니었다. 결국, 부업으로 시작했던 온라인 판매대행을 사업자를 내고 본격적으로 시작했다. 나의 첫 사업은 짬짬이 아르바이트하던 것과는 달랐고 생각보다 매출도 나오지 않았다. 워낙 관심이 없는 분야라 열정도 생기지 않았고 지지부진한 매출 속에서 결국은 사업을 정리했다. 하나님을 알고 싶어서 시작한 신학을 향한 열정도 조금씩 옅어졌고 19살에 시작한 신학을 향한 여정들이 스물아홉 살 되던 해 겨울 10년 만에 언제든 다시 부르시면 가겠다는 마음만 남긴 채 신학을 그만뒀다.

사진

신학을 그만두고 새로운 직업을 찾아야 했다. 신학을 목표로 대학에 다닐 때는 취업을 위한 자격증을 의도적으로 준비하지 않았다. 취업하고 안정된 직장을 갖게 되면 그 자리에 안주해 버릴 것 같았다. 지금 생각해보면 취업하겠다고 노력을 쏟아부어도 될까 말까 한데 쓸데없는 걱정이다 싶지만, 그때는 대학원을 가기 위한 졸업장만을 목표로 대학을 다녔었다. 졸업하고 나서도 무슨 일을 하든지 신학을 전제로 했고 주일에 일하는 직업을 선택하지 않았다. 지금 생각해보면 그것이 하나님을 향한 나의 진심이었다.

새롭게 하는 일은 내가 좋아하는 일을 하고 싶어서 평소에 즐겨하던 사진으로 일을 배워 보고 싶었다. 그러나 취업하기에는 사진학과 수업을 몇 개를 수강한 정도였을 뿐 사진을 배운 적도 없고 교회에서 사진 동호회 활동을 통해 알게 된 지식 정도밖에 없었다. 일단은 무작정 이력서를 여기저기 넣었다. 사진을 시작하면서 뭔가 하나님을 향한 목적이 있으면 좋겠다는 생각에 '10년간 사진을 해보자! 그리고 하나님이 지으신 아름다운 세계를 사진에 담아 알려 보자!'라는 거창한 포부를 가지고 시작했다. 그렇게 이력서를 세 곳에 넣었는데. 아무 경력이 없는 것치고는 다들 좋게 봐주셨는지 몇 곳에서 연락이 왔다. 당시에는 참 감사한 일이라 생각했었지만 지금 생각해보면 사진을 하겠다고 그 박봉을 받으며 일하는 사람을 구하는 게 더 힘들었을지 모르겠다는 생각이 든다. 첫 월급이 30만 원인가 했고 수습 기간 끝나고 나서야 80만 원 정도 받았다. 사진 일은 고되지만 참 재미있었다. 그러나 주일에 일하는 때도 많았고, 출퇴근 시간이 일정하지도 않았다. 주일에 빠지는 것으로 계약은 했지만, 주일에 일이 있을 때마다 나만 빠지니 스튜디오에 교회를 다니지 않는 동료들의 불만이 들려왔다. 결국, 새벽예배를 드리고 일을 하러 가거나 촬영 일정에 최대한 지장이 없도록 조율하며 일을 해야 했다. 사진 촬영은 생각보다 힘든 일이다. 일이 없을 때는 여유롭지만 일이 잡히면 촬영 일정에 따라 밤샘 촬영도 많았다. 한번 놓치면 다시는 같은 장면을 포착할 수 없다는 부담감과 긴장감이 늘 일할 때마다 따라다녔다. 사진 일을 하며 나름 유명하다는 연예인들을 촬영할 기회들도 있었고 유명 카페의 메뉴 사진이나 연예인이나 유명 기업인들의 사진도 촬영했다. 내가 촬영한 사진이 청담동 사거리 빌딩에 걸리고 버스에 대형으로 게시된 적도 있다. 그렇다고 돈을 엄청 많이 벌었던 것은 아니다. 한 달에 몇백, 몇천만 원짜리 촬영해도 결국 박봉 월급쟁이였다.

사진은 결혼하고 나서도 계속했고, 프리랜서로 전향해서 대학원에 진학하고 나서도 일은 계속했다. 지금도 종종 사진 촬영을 하고 있지만 사진 일을 하면서 하나님께 영광을 돌리겠다는 야심 찬 계획은 시나브로 사라졌고 즐거웠던 사진 찍는 일은 능숙해진 만큼 재미도 없어졌다.

봉사


 사진 일을 하다 보니 교회에서 사진으로 봉사해야 하는 일들이 생겼다. 처음에는 열심히 봉사했지만, 시간이 가면 갈수록 내가 원해서 하던 봉사가 교회의 요구를 받아 해야 하는 봉사들로 변했다. 하고 싶지 않다고 거절해도 부담스럽게 요구되는 봉사들은 더 이상 나에게 봉사가 아니라 신앙적 딜레마로 다가왔다. 하나님의 일을 하는 것은 당연한 일이고 나의 능력을 쓰임 받음을 오히려 감사히 여겨야 한다고 말하지만 실제로는 봉사임에도 불구하고 듣기 싫은 소리와 요구를 받아줘야 하는 경우들이 생기다 보니 좋은 마음으로만 봉사하기는 쉽지 않았다.

몇 번의 쓴 기억들에 거절한 적도 있지만 '하나님께'라는 수식어를 걸고넘어지면 결국에는 할 수밖에 없었다. 사실 그렇게라도 봉사하고 나면 나름의 뿌듯함도 있기는 있었다. (어딘가에서 누군가에게 봉사를 종용하고 있는 이들의 변명이 되지 않길 바란다) 교회에서 발간하는 회지를 위해 예배 중에도 사진을 촬영했고, 일 년에 한 번씩 몇 주정도 시간을 내서 전성도 가족사진을 촬영한 적도 있다. 이렇게 시작된 봉사는 그 교회에서 전도사 사역을 할 때도 계속됐고 다른 교회로 사역지를 옮겨도 그 교회에서 이어졌다.

교회 봉사에 돈을 받는다는 것은 상업 활동을 하는 것과 다름이 없다. 신앙의 견지에서 봉사는 스스로 자원하는 마음으로 하는 것이기에 사례를 받지 않는 것이 원칙이겠지만 교회의 상황은 그렇지 않다. 때로는 자원하는 마음으로 시작한 일을 신앙을 볼모로 삼아 봉사를 강요한다면 그것은 과연 봉사인가 강제노역인가 하는 말이다. 하나님께서 주신 재능이니 교회를 위해 마땅히 봉사해야 한다는 논리는 가히 폭력적이다.

반주자의 경우에는 공공연하게 반주 횟수와 사례금을 제시하고 반주자를 구하는 일은 비일비재하다. 반주자뿐 아니라 교회 내의 디자인이나 설비나 관리, 주중 청소, 찬양 사역자나 목회자도 교회는 교회의 필요를 따라 불렀기 때문에 사례비를 전제로 구인한다. 그러나 사례금은 감사한 마음의 표현이다. 우리가 일하고 받는 돈이 수고의 대가를 받는 것이라면 사례는 일한 결과나 어떤 성과와 상관없이 주는 예(禮)중 하나다. 교회에서 지급하는 금전적 보상에 대한 급여나 봉급, 월급, 수당이라는 표현을 쓰지 않는 이유이기도 하다. 교회 봉사에 사례가 아니라 급여가 되어버리면 본질이 흐려지고 봉사가 일(job)이 된다. 몇몇 사역자들이나 성도 중에서는 받는 만큼 일을 해야 한다거나 받은 만큼만 일한다는 말도 종종 듣는다. 반면 교회 안에 자란 청년이 교회 봉사를 할 때 사례를 받지 않는 것은 당연시하는 교회들도 있다. 나고 자란 우리 교회이기 때문이다. 그러나 교회의 필요로 사람을 구한 경우에 사례를 지급하는 것을 알게 되면 믿음으로 봉사하던 이들의 마음은 어떨까? 한 예배를 섬기는 찬양대와 반주자 중에 누군가는 교회 출신이기 때문에 마음으로 봉사하고 누군가는 급여를 받고 연주한다.

하늘의 상급이 다를 것이라는 등의 말이나 나중에 더 큰 복을 받을 것이라는 말은 하나님께도 교회의 필요로 돈을 받고 연주하는 이들에게도 모욕적인 말이다. 교회에 필요 때문에 왔을 뿐인데 복을 덜 받을 사람이 되어버리는 것이고, 하나님을 돈 안 받고 봉사하는 사람을 더 이뻐하는 분을 만들어 버린다. 분명 급여를 받고 연주하는 이들 중에도 마음을 다해 하나님께 연주하는 이들도 분명히 있을 텐데 말이다. 실제로 전공자인지 아닌지에 따라 사례비의 차별을 두는 경우도 있었다.

자 어떤가? 뭔가 이상하지 않은가? 이렇게 되면 사례금으로 지급을 하지만 급여와 다름이 없다. 그리고 실제로 많은 전공자가 교회에 아르바이트를 위해 구직하고 많은 교회가 반주자나 전문가들을 구직한다. 교회의 봉사는 기본적으로 자발적이라는 점이 전제되어야 한다. 봉사는 그렇다. 현실이야 어떻든 강제되는 것은 봉사가 아니다. 봉사자와 교회가 각각의 입장에서 할 말은 분명히 많겠지만 예배를 위한 봉사자의 필요에 대해 '더 좋은'. '더 나은', '성숙한', '아름다운', 혹은 '전도를 위해서'라는 등의 그 어떤 수식어를 붙이더라도 구약시대처럼 하나님이 직접 현현하셔서 세세한 가이드를 해주지 않는 이상 그것을 판단하는 주체는 사람일 수밖에 없다. 교회의 봉사라는 것이 '하나님이 기뻐하실 것이다!'라는 모호한 말로 강요되는 것이 얼마나 많은가? 더 아름다운 찬양을 위해, 더 거룩한 예배를 위해, 이런 모호한 수식언들은 간혹 내가 누구를 기쁘게 하려고 봉사하고 있는지를 착각하게 만든다. 누가 보기에 아름답고 누가 보기에 거룩해 보인다는 것인가? 이렇게 하면 하나님이 기뻐하지 않으실까? 라는 생각은 누구나 할 수 있다. 그러나 그것을 강요하거나 혹은 하나님의 뜻인 것처럼 포장해서는 안 된다.

사진으로 봉사해도 이런 딜레마들은 있었다. 항상 좋은 마음으로 하나님을 위해 이웃을 사랑하는 마음으로 봉사를 시작하지만 사랑은 일방통행이 아니지 않은가! 내가 사랑하고자 해도 나에게 사랑으로 화답하는 사람들만 있는 것은 아니다. 사람을 보지 말고 하나님을 보고 헌신하라는 말도 심심치 않게 들리지만 애초에 사람을 위해 하는 일이 아닌가? 봉사자의 관점에서 하나님을 향한 그리고 교회 공동체를 향한 순수한 헌신들이 상처가 되지 않기 위해서는 그 헌신의 가치가 당연하게 여겨질 것이 아니라 존중되어야 한다. 나의 사진 봉사는 사역하면서도 계속되었다. 때로는 자원해서 했고, 후회도 하고 거절도 했었다. 순수한 봉사와 헌신이 짐이 되어버리니 새로운 사역지로 가면 숨기지는 않아도 굳이 나서고 싶지도 않았다.

🌱

 사역자가 돼서 봉사를 요청해야 하는 처지가 돼보니 교회의 요구와 봉사자 사이에서 나의 포지션이 애매해지는 것을 경험했다. 내가 봉사하지 말라고 할 수도 없고, 봉사를 강요할 수도 없었다. 교회의 봉사를 생각할 때 가장 중요한 것은 자발성에 있다. 교회는 요구할 자격이 없다. 정확히 교회의 누군가는 다른 누군가에게 요구할 자격이 없다. 그것이 담임목사든 장로든 그 누구든 말이다.

 하나님의 관점에서 가장 즐거운 것은 자발적인 사랑이다. 사랑을 기반으로 한 자발적인 헌신은 누군가에 의해 강요되거나 요구될 것이 아니다. 그렇다고 무작정 봉사하고 싶다고 해서 교회의 일에 참여할 수도 없다. 교회는 개인을 드러내기 위해 존재하지 않는다. 자발적인 봉사들이 개인의 욕구인지 하나님을 향한 헌신의 발현인지를 구분하는 것 역시 어려운 일이다. 그렇다. 정답이 없는 문제다. 누가 이것을 판단하겠는가? 애초에 믿음이라는 것이 정답이 없는 문제가 아니지 않은가? 교회이기 때문에 발생하는 문제일 것이다.

 봉사자는 스스로가 봉사하고자 하는 욕구의 방향이 어디를 향하는지를 고민하며 봉사해야 할 것이고 교회로서는 봉사자의 헌신 됨을 존중하고 봉사자가 자신의 봉사에 관해 결정할 수 있도록 신앙적 이유를 덧붙여 강권하지 말고 봉사에 대한 객관적인 정보와 함께 봉사하게 되면 주어지는 책임과 의무를 알려줘야 할 것이다. 교회의 봉사는 공은 없지만, 책임과 의무만 따르는 일이기 때문이다.

    교회의 시작은 목회자를 포함한 소수의 사람으로 시작할 수 있겠지만 결국 사람들의 참여를 통해 공동체가 이루어지고 교회의 구조가 세워지게 된다. 헌신의 가치가 존중될 때 그 가치에 값을 매기거나 더 높고 낮음을 판단하는 것이 의미가 없어진다. 교회는 하나님을 향한 자발적인 사랑과 헌신을 통해 세워져야 한다고 생각한다.

결혼

부모님을 위해 새로운 교회에 갔을 때 길어야 일 년 정도를 예상하고 부모님이 어느 정도 자리를 잡으시면 다시 원래 다니던 교회로 돌아갈 생각이었다. 모든 교회의 주인은 하나님이시니 어느 교회라도 같은 열심히 봉사해야겠다는 마음으로 적극적으로 교회의 일에 참여했다. 청년부 예배 및 공동체 모임에도 빠지지 않고 참여했고 이전 교회에서 구역원들에게 이메일로 큐티를 보냈던 것처럼 새로운 교회에서 만난 사람들에게 매일 성경 말씀을 문자 메시지로 보냈다. 청년부에 등록한 지 한 달이 지난 2월 첫째 주에 공동체 모임에 새로운 자매가 나타났다.

인도 단기선교를 다녀왔던 청년들이 돌아온 것이었다. 다른 사람들에게 그랬던 것처럼 새로 온 동갑내기 자매에게도 말씀 문자를 보냈다. 사실 문자를 보내면서도 누가 읽기는 할까 하는 생각도 있었지만 한 명이라도 그 말씀에 위로가 될 날이 있지 않을까 하는 마음에 보내는 나름의 응원이었다. 당연히 답장은 기대도 하지 않은 문자 메시지에 이 자매가 착실하게 답장을 보냈다. 연락을 주고받다 보니 친해지기도 했고 같은 동네에 살던 덕에 우리는 처음 만난 그 주일부터 결혼하는 그날까지 명절 때 하루인가를 빼고는 거의 매일 만났다. 당시 사진 일을 하던 때라 출퇴근 시간이 일정하지 않았고 스무 살에 이 동네로 새로 이사를 와서 동네 친구도 없었다. 나에게도 오랜만에 새로운 친구를 사귀는 것은 즐거운 일이었다. 한번은 교회 청년들과 함께 만난 자리에서 배우자에 관한 이야기가 나왔다. 그때 이 자매가 꿈에 결혼할 사람을 보여주셨다고 말하며 묘사했던 사람이 놀랍게도 너무 나였다! 외모뿐만 아니라 이 교회에선 내가 신학을 준비했었다는 걸 아는 사람이 없는데 이 자매는 꿈에 하나님이 뒷모습을 보여준 그 사람이 신학을 했거나 하게 될 사람이라고 말해주셨단다. 그 자리에서는 아무 말도 하지 않았지만, 속으로는 '하나님 쟤가 절 좋아하지 않게 해주세요. 부모님 전도하러 왔는데 이건 아니잖아요.'라고 기도했다. 지금 생각해보면 제대로 김칫국 같지만 진심이었다. 하핫!

이날 아내가 '얘는 돈을 너무 막 써서 안 되겠다.'라고 생각했단다. 하! 그러면서도 연락할 때마다 꼬박꼬박 잘 나왔던가! 쳇. 심지어 아내가 선을 보고 온 날에도 남은 음식을 포장해서 내 사무실로 와서는 선본 사람의 투정을 했더랬다. 그래도 날 좋아하지는 않았단다. 하하하하하. 매일 만나다 보니 정들면 답도 없다고 결국 우리는 처음 본 지 6개월 만에 결혼을 전제로 교제하는 문제를 두고 함께 기도를 시작했다. 2주간 기도해 보고 교제를 시작하자 했지만 이미 예정된 결과였던 것인지 생각보다 빨리 교제를 시작하게 되었다.

당시 나는 잡지 사진 스튜디오를 다니는 월급 80만 원 받는 어시스트였다. 공부하느라 딱히 모아둔 돈도 없었다. 아내의 기도는 나를 만나기 전부터도 올해를 넘기지 않고 결혼하는 것이었지만 나에게 결혼은 현실적으로 불가능한 일이었다. 하지만 거짓말처럼 교제한 지 두 달쯤 되었을 때 아내 집에서 먼저 결혼 이야기가 나왔고 모든 일이 일사천리로 진행돼서 10월에 상견례를 하고 12월에 결혼했다. 처음 얼굴 본 지 11개월 만이고 교제를 시작한 지 5개월 만에 일어난 일이었다.

## 결혼 이후

하나님은 우리의 기도를 들으시지만 모든 일에 응답해 주시는 것은 아니다. 때로는 그 응답이 우리의 생각과 기대와 다르더라도 하나님은 그분의 때에 우리에게 가장 선한 것으로 이끌어주실 것이다.

처음의 것

*이스라엘 자손 중에서 사람이나 짐승을 막론하고*
*태에서 처음 난 모든 것은 다 거룩히 구별하여 내게 돌리라*
*이는 내 것이니라 하시니라 (출 13:2)*

처음 피자를 알게 된 것은 TV 광고를 통해서였다. '핏짜~헛!'하는 광고는 아직도 기억이 난다. 쭈욱~ 늘어나는 하얀 치즈를 보며 피자는 아주 달콤한 맛이 아닐지 상상했다. 이런 피자를 직접 맛본 것은 중학교 3학년 때였다. 요즘이야 어릴 때부터 피자 맛을 지겹게 보겠지만 그때만 해도 피자는 그렇게 흔한 음식이 아니었다. 고등학교를 졸업하고 바로 식당에서 요리를 시작한 형이 일을 마치고 피자를 사 와서 나를 깨웠다. 잠결에 먹어서 그런지 상상처럼 달콤하지 않은 피자의 맛에 얼떨떨했다. 다음날 친구를 불러서 식은 피자를 자랑하며 나눠 먹었다. 그 친구는 이미 피자를 먹어본 적이 있어서 그런지 고급지게 케첩도 뿌려 먹더라. 별것 아닌 양 친구랑 나눠 먹었지만 사실 그 피자는 우리 가족에게도 귀한 음식이었다. 누구에게나 처음이라는 경험은 특별하다. 교회의 첫 기억이나 피자에 대한 기억이 생생한 것은 그래서인지 모른다.

 구약의 하나님은 처음 것에 대해 많이 강조하셨다. 처음 거둔 열매 중 가장 좋은 것, 첫 새끼를 비롯하여 하나님이 직접 내 것이다! 말씀하신 것은 처음 것인 경우가 많다. 설교 중에 목사님이 자신은 항상 옷이나 신발을 새로 사면 아껴두고 교회에 갈 때 챙겨 입으셨다고 하신 적이 있었다. 감사의 마음을 담아 그리고 처음 것을 하나님께 먼저 보여드리고자 하는 마음으로 말이다. 이것이 축복의 비결이거나 꼭 그래야 하는 일은 아니었지만, 하나님께 가장 처음을 드리려는 그 마음이 참 좋아 보였다. 그래서 우리의 시작을 그 처음부터 하나님께 드리고 싶었다. 결혼식은 출석하던 교회에서 했는데 토요일 결혼예식이 끝나고 호텔로 가서 도착하자마자 짐만 내려두고 예배를 드렸다.

우리의 처음부터 마지막까지 하나님이 함께 해주시기를 기도했다. 다음 날 새벽 일찍 일어나 교회로 가서 새벽예배를 드리고 주일 오전 7시에 있는 1부 예배부터 11시 예배와 오후 청년부 예배까지 드린 후에 예배 때마다 축하와 축복을 받으며 신혼여행을 출발했다.

   신혼여행을 다녀와서는 주중 하루를 정해 매주 가정예배를 드렸다. 첫 아이가 아주 어릴 때 잠시 예배를 못 드릴 때도 있었지만 그때 이후로 지금까지도 예배는 계속 이어지고 있다. 아내도 나도 아이들에게 새로운 것이 생기면 가장 먼저 교회에 가서 하나님께 감사하도록 가르쳤다. 하나님께 가장 좋은 것을 드리는 마음을 가르쳐 주고 싶었다. 처음 것을 드리는 것이 의미하는 건 가장 좋은 것을 하나님께 드리고 싶은 마음이 아니겠는가?

장성한 그리스도인


성경에 보면 그리스도인의 장성한 분량에 이르기까지라는 말씀이 있다. 장성은 자라서 어른이 되는 것을 의미한다. 그리스도인에게 있어서 장성함은 어떤 의미일까? 나는 장성이라는 말에 어울리는 믿음의 분량을 채우고 싶었다. 결혼하고 한때는 믿음이 뒤로 가는 것 같다고 생각할 때도 있었지만 나에게 가장 많은 깨달음을 얻게 해준 것은 결혼이었다. 바울과 같이 독신으로 성숙한 믿음의 삶을 살아내는 사람들도 있겠지만 나는 결혼 이후에 오히려 하나님의 마음을 더 깊이 이해하게 된 것 같다. 처음 하나님을 확신했을 때는 어린아이와 같이 그저 나에게 필요한 것만 구했지만 죄를 인식게 된 이후에는 회개의 기도가 한동안 이어졌다. 그다음은 하나님이 기뻐하시는 것이 무엇인가를 고민하며 순종이 제사보다 낫다는 말씀을 따라 교회 일이라면 순종하는 신앙생활을 이어갔다. 머리로 이해하려 하기보다 교회의 필요를 채우는 것이 하나님이 기뻐하시는 일이라 생각했다. 사람들에게 보이기 위해 하는 것보다 보이지 않게 하는 모든 행동도 하나님은 아신다는 믿음으로 교회의 보이지 않는 곳에서도 할 수 있는 일을 찾아서 하다 보니 자연스럽게 보이는 자리에서도 교회의 필요를 채우게 되었다. 잘해서가 아니라 맡겨지면 해야 하는 줄 알았다.

아내를 만날 때는 순종의 자리에서 좀 더 주체적으로 헌신하려고 노력하던 시기였다. 아무것도 모른다고 생각할 때는 나보다 먼저 믿은 사람들을 따라 봉사하거나 교회 선생님이나 사역자들의 말에 따라 교회의 일에 순종하면 그만이었지만 교회의 일들에 익숙해질수록 내가 하는 일이 과연 하나님을 기쁘게 하는 것인가에 대한 의문을 들었다. 내가 하는 일이 순종해야 할 일인지 아닌지를 판단하지 않고 무작정 하나님이 기뻐하실 것으로 생각하고 순종했던 모습이 어리석게 느껴졌다.

🌱

　교회에서의 시간이 길어질수록 순종하는 삶은 점점 쉽지 않아졌다. 시키면 하고 필요하면 기도로 구하는 삶들이 순종보다는 옳고 그름에 관한 판단을 타인에게 전가하고 자기 만족하는 신앙처럼 느껴졌다. 그렇게 길을 잃었다. 옳고 그름을 판단하기 위해서는 목회자들의 도움이 필요했다. 혼자 보고 읽은 성경의 의미를 확신할 만큼의 지식도 지혜도 경험도 없었고 사이비와 이단들이 성경 공부로 활발히 포교하던 때라 성경에 대한 사적인 교육이나 해석을 찾아 외부로 나가는 것을 지양했다. 그렇다고 해서 나의 질문에 대해 확실히 대답을 해주는 사람도 없었다. 예배나 구역 성경 공부를 통한 성경 지식은 계속 접하고 있었지만, 단편적인 성경 공부로는 스스로 이해하기에 충분한 확신을 얻지 못했다. 확신은 없었지만, 봉사는 이어나갔다. 더 열정적으로 해야 할 이유는 없었지만 그렇다고 굳이 멈출 이유도 찾지 못했다. 중간중간 수련회나 기도회를 통해 나의 죄인 됨을 고백하고 하나님의 존재를 확인하는 것만으로도 무료한 신앙생활을 이어 나갈 수는 있었다. 설교를 통해 배운 하나님에 관한 이야기들로 조금은 팍팍하게 내 신앙의 기준을 세웠고 그것으로 신앙생활을 이어 나갔다.

결국, 어느 순간 모든 것이 식상해서 그저 해야 할 일이기에 하는 익숙함이 되어버렸다. 더 이상 교회의 일이나 타인의 신앙을 염두에 두지 않고 하나님과 나와의 관계에 좀 더 집중했다. 타인의 생각과 의견은 크게 중요하지 않았다. 교회의 일에 대한 열심과 순종은 여전했지만, 이해가 되지 않는 부분들은 직접 성경을 찾아보기 시작했고 이해되지 않으면 목사님의 말이라도 받아들여지지 않았다. 채워지지 않는 갈증과 말할 수 없는 답답함으로 성령을 체험하고 은사를 받고자 열심히 기도했다. 그 와중에도 무료한 신앙생활은 이어졌다. 어느 순간 하나님이 들어주실만한 기도와 그렇지 않은 기도를 스스로 가늠하고 기도를 하기 시작했다. 하나님의 뜻을 알고 있다고 착각했을지 모르겠지만, 기도의 응답이 있으면 있는 대로 없으면 없는 대로 어차피 하나님의 뜻이니 기도해도 안 해도 별 차이가 없게 느껴졌다. 아무리 기도해도 들어주시지 않는 하나님의 응답에 지쳤으면서도 하나님에 대한 신앙을 지키며 기도를 계속했던 것은 신앙적 자기방어였다.

*'하나님은 우리의 기도를 들으시지만 모든 일에 응답해 주시는 것이 아니다. 때로는 그 응답이 우리의 생각과 기대와 다르더라도 하나님은 그분의 때에 우리에게 가장 선한 것으로 이끌어주실 것이다.'*

🌱

　결국, 나는 하나님을 향한 입을 완전히 닫아버렸다. 어떤 기도도 할 수가 없었다. 간절히 바라며 기도해도 어차피 하나님 뜻대로 될 텐데 나의 필요를 따라 무엇을 구한다는 것은 의미 없는 기복신앙으로 여겨졌다. 지금 생각해보면 하나님은 그런 나를 보며 '괜찮아 아무 얘기라도 다 해도 괜찮아.'라고 말씀하셨을 것 같다. 또 들어주실 만한 기도만 하니 기도는 더 짧아지고 필요한 기도를 하고 나면 더는 할 말이 없었다. 나의 기도에 대한 고민을 들은 아내는 자기는 그런 생각을 해본 적은 없고 그냥 하고 싶은 기도를 한단다. 그러면서 찬송가 369장의 구절을 불러 주었다. '사람들은 어찌하여 아뢸 줄을 모를까?' 맞다. 왜 나는 하나님을 안다고 생각했을까. 나의 근심과 걱정과 소망들을 스스로 판단하고 기도할지 말지를 선택하고 있었을까? 기도라는 것이 꼭 바라는 것이 있거나 사건이 있어야 하는 것이 아닌데 말이다. 학교 다녀온 아이가 부모에게 구멍가게에서 맛있는 사탕을 사 먹었다는 식의 영양가는 하나도 없는 이야기를 해도 그 모습이 예뻐서 웃음이 나는 것처럼 하나님도 그저 내 삶의 이야기들을 듣고 싶으셨을지 모르는데 학창 시절 주야장천 '문제집 사게 돈 주세요.' '학원비 주세요' '밥 주세요' 하는 것처럼 필요할 때만 찾는 기도가 뭐가 달가우셨을까.

　기도할 때 하나님이 들어주실지 말지를 고민하며 기도할까 말까를 혼자 망설였지만, 부모의 눈에 아이의 모든 생각이 보이듯이 하나님께서도 우리가 하고 싶은 말을 삼키고 있다는 것을 이미 알고 계실 것이다. 아이마다 그 성격이 다르듯 어떤 아이는 필요한 것이 있어도 진득하게 참는 아이가 있지만 어떤 아이들은 잠시도 참지 못하고 불편함을 토로하는 아이도 있듯이 하나님은 때로는 부모처럼 사람의 성향에 따라 혼도 내시고 필요를 바로 채워주실 때도 있고 인내심을 위해 힘들어 보여도 바로 도와주지 않으실 때도 있는 것 같았다.

　청소년쯤 되면 자기가 마음대로 하고 싶어서 부모를 찾지 않는다. 부모님의 눈과 귀를 떠나 자기 마음대로 부모에게 말도 없이 꽁냥꽁냥 사고를 치는 청소년들처럼 우리도 때로는 교회를 떠나 몰래몰래 하고 싶은 일을 하며 살고 싶을 때도 있을 것이다. 그러나 부모를 이해하게 되는 순간이 오면 그간 받은 사랑의 의미를 깨닫고 성숙해지는 것처럼 신앙의 여정 가운데 하나님의 마음을 깨닫고 그 사랑의 크기를 가늠하게 되는 때가 온다면 그때는 나를 위한 것보다 하나님의 뜻이 무엇일까를 먼저 고민하게 될 것이다. 부모의 얼굴에 미소를 짓게 하고 싶은 마음처럼 하나님이 기뻐하실 만한 삶을 살아가길 소망하게 되는 것이다. 이것이 바로 그리스도인의 장성한 분량이 아닐지 생각했다. 목사가 되고 교회를 개척한 지금도 여전히 나는 하나님 앞에 장성한 분량은 아닌 것 같다. 여전히 탐구하고 고민하고 하나님께 질문하고 그분의 뜻을 찾아 헤맨다. 나의 뜻보다 하나님의 뜻을 더 구하고는 있지만 가끔은 이게 내가 원하는 것인지 하나님께서 기뻐하시는 일인지에 대해 구분하기 어려울 때도 있다. 그래도 뭐 어떤가? 우리는 그 누구도 인생을 두 번 살아본 사람은 없으니 그렇게 조금씩 성숙해지며 살아가는 것이 인생 아닌가? 난 여전히 그리스도의 장성한 분량 이르기를 바란다.

India

　인도 선교는 그 시작부터 하나님의 특별한 신호가 있었다. 아내를 만난 교회는 인도로 단기선교를 하러 매년 가고 있었다. 아내는 1기로 인도를 다녀왔었고, 다녀온 그해에 나를 만나 결혼을 했다. 어느 날 교회에서 인도 단기선교에 대한 광고가 나왔다. 그때도 나는 우리나라도 선교지인데 굳이 외국까지 나가서 전할 필요가 있나? 라는 생각을 했었다. 청년 시절부터 복음을 전하는 일과 내가 받은 하나님의 은혜를 전하는 것을 나름의 사명이라 생각하며 살았지만, 길에서 만났던 사람들에 대한 경험들은 굳이 해외로 나가서까지 전도해야 하나라는 생각을 하게 했었다.

당연히 단기선교에 관해서는 생각조차 없었다.

어느 날 집에 오니 아내가 설거지하다가 갑자기 멈춰서 고개만 나를 돌아본 채 '당신 인도 가고 싶으면 가도 돼.'라고 말하더니 다시 위쪽을 바라보며, '하나님 전 말했어요. 이제 됐죠?' 하더니 설거지를 계속해 나갔다. '아. 이 생뚱맞은 상황은 무엇이란 말인가?' 갑자기 무슨 소리냐 했더니, 자기는 모르겠고 하나님이 하라고 하셔서 말한 것이란다. 그날의 에피소드는 그냥 그렇게 지나갔다. 주일에 교회 앞에 내걸린 단기선교에 관한 현수막을 보면서 아내와 있었던 일을 생각하고 있을 때 함께 청년부 임원을 하던 주현이가 말을 걸었다.

*'오빠, 오빠 인도 갈 거예요?? 오빠 가면 저도 갈래요.'*

사실, 이때도 갈 생각은 없었다. 다만 이 자매가 꼭 선교를 나가서 무엇인가 얻어왔으면 하는 마음에 함께 신청서를 작성해서 냈다. 이렇게 신청한 단기선교는 결국 나를 인도. 그 땅으로 인도했다. 당시 우리는 재정의 여유가 없었다. 스튜디오를 그만두고 프리랜서로 있었지만 일이 많지 않았고 비행기 표를 마련할 여유도 없었다. 신청서를 낸들 어차피 비행기 표를 살 돈이 없으니 못 가게 될 것 같았다. 그러나 아내를 통해 내가 단기선교를 신청한 것을 알게 된 장모님이 준비했던 선교헌금을 주셨고 그렇게 인도로 떠나게 되었다. 예상치 못한 전개였지만 굳이 보내시는 하나님의 뜻이 무엇인지 몰라도 순종하는 마음으로 최선을 다해서 준비했고 나는 어느덧 선교지에 도착해 있었다.

인도에 도착 해서의 첫인상은 무엇을 태웠는지 알 수 없는 자욱한 연기와 피부색이 다른 사람들, 그리고 총을 든 군인들이 서 있던 공항, 릭샤와 택시 기사들, 구걸하는 아이들과 함께 시끄러운 음악과 자동차 경적이 끊임없이 울리는 혼돈의 상태였다. 그러나 이런 혼란스러움을 인식하는 것조차 사치일 정도로 빠르게 짐을 챙겨서 예약된 렌터카를 타고 숙소로 이동했다. 인도에서의 사역은 별반 특별한 것은 없었다. 태권도 격파 시범과 부채춤, 난타 등을 시연하여 사람들을 모으고 공연이 끝난 뒤 복음을 전했다. 인도에서의 일상은 오롯이 하나님만 생각할 수 있다는 점에서 행복했다. 일상을 떠나 하나님을 위한 선교라는 사명감을 가지고 인도 지역 중에서도 오지와 가난한 시골 지역을 다니며 복음 상자로 복음을 전했다.

❦

현지의 언어 사정은 생각보다 복잡해서 우리말로 말하면 영어로 번역되고 그것을 또 힌디어로 번역한 뒤 부족에 따라 각 부족어로 다시 번역해야 하는 경우도 있었다. 오가는 길도 험했고 제대로 된 도로가 없는 곳도 많아서 직접 짐을 지고 산에 올라가야 할 때도 있었다. 좋은 숙소에서 잘 때도 있었지만 개미가 기어 다니는 바닥에서 침낭을 이용할 때도 있었다. 모든 일이 힘은 들었지만, 함께 한 사람들과 즐거운 마음으로 해낼 수 있었다.

인도의 산티니케탄이라는 지역에서 출발해서 점점 오지로 이동하며 사역을 이어 나갔다. 특히 인도와 네팔의 접경지인 싯킴이라는 지역에서 이동하는 과정은 험난했다. 어떤 길은 매우 좁아서 옆이 절벽인 도로를 지나기도 했고 어떤 나무다리는 한쪽이 끊어져서 굵은 철사를 엮어 놨었다. 그 다리 위를 차가 지나갈 수 있을까 싶었다. 결국은 무게를 줄이려고 하차해서 짐과 사람이 따로 건너야 했다. 사람들이 짐을 들고 먼저 다리를 건너고 뒤따라 건너는 차를 기다리고 있을 때 길옆에 있는 숲에서 아이들이 보였다. 대략 우리나라 기준 유치원생쯤 되어 보이는 아이 두 명이 옆에 나무를 한 짐 두고 우리를 보며 웃고 있었다. 거리는 가깝지만, 경사가 높아서 서로에게 갈 수는 없는 묘한 지점에서 서로를 보고 손을 흔들고 인사를 했다.

나는 이 첩첩산중에 어린아이 단둘이 있다는 게 신기했고, 아이들은 오랜만에 본 혹은 처음 봤을 이방인의 모습이 신기했는지 서로 마주 보고 웃었다. 그렇게 가볍게 인사를 하고 다시 차를 타고 이동하는 길에 선교사님에게 그 아이들이 누구인지 물어봤다. 선교사님은 산에서 살아가는 산족의 아이들이고 이 아이들은 이곳에서 태어나서 이곳에서 죽는다고 말씀하셨다. 가슴이 먹먹해졌다. 가난함보다. 배고픔보다, 복음을 듣지 못함이 더 안타깝게 느껴졌다. 그날 저녁, 돌아가며 하던 복음을 전하는 역할이 내 순서였다. 복음을 전하는 그날 산에서 만난 아이들이 생각나서 많이 울었다. 어쩌면 집에 있는 아이들이 생각나서 그랬는지도 모르겠다.

사역을 마치고 모여서 기도할 때 특별한 경험을 했다. 처음 겪는 일이라 당황스러웠지만, 정신을 잃은 것도 아니고 몽롱한 것도 아닌 애매한 상황에서 눈앞에 계속 터번을 둘러쓴 눈이 하얀 남자의 얼굴이 나타나 웃고 있었다. 약간은 두려운 마음이 들어 인도인 선교사님께 말씀드렸더니 선교사님은 그 하얀 눈의 남자를 블라인드 맨 이라 표현하셨다. 그때 성경 구절이 생각났다.

🌱

*주의 성령이 내게 임하셨으니 이는 가난한 자에게 복음을 전하게 하시려고 내게 기름을 부으시고 나를 보내사 포로된 자에게 자유를, 눈먼 자에게 다시 보게 함을 전파하며 눌린 자를 자유롭게 하고 주의 은혜의 해를 전파하게 하려 하심이라 하였더라 (눅 4:18-19)*

다음 날 새로운 마을에 도착해서 다과를 나누던 중에 어눌한 한국말로 선교사님이 나에게 말했다.

*'병현 형제 선교사의 사명을 받아들이세요'*

훗날, 이 선교사님은 이 사실을 전혀 기억 못 하셨지만, 난 그 말을 마음에 담고 한국으로 돌아왔다. 선교를 다녀온 날의 기억은 생생하게 기억이 난다. 인도에 있는 내내 수염을 길러서 덥수룩한 모습으로 도착했다. 우리는 무사히 돌아온 것에 감사하며 함께 식사하고 집으로 들어가서 가족들을 만났다. 아내와 함께 인도에서 있었던 일들을 나누었다. 선교사의 일이라는 것은 나 혼자 결정할 문제가 아니었다. 선교를 다녀왔다고 해서 특별한 삶의 변화는 없었다. 여전히 힘든 프리랜서 사진가였고, 삶은 힘들고 어려웠다. 가정이 있는 상황에서 선교사가 된다는 것은 쉽지 않은 선택과 결단이 필요했다. 결국, 그 해를 넘기고 얼마 지나지 않아서 나는 다시 신학을 하기로 결심했다.

다시 신학


 공부는 쉽지 않았다. 아내에게도 부모님께도 처가 어른들께도 모두가 환영받지 못했지만, 나에게는 부르심이었다. 과연 이것은 하나님의 뜻인가? 나의 욕심인가? 어느 쪽도 확신할 수 없었지만, 순종하는 마음으로 모든 반대를 뚫고 다시 공부를 시작했다. 무엇을 해야겠다,라는 목표나 사명이 없었기 때문에 무엇을 하기 위해서라고 할 말도 없었다. 수많은 반대 가운데 내가 할 수 있는 것은 순종밖에 없었다. 그냥 가라니까 간다. 그게 전부였다.
 모두의 반대 속에서 첫해 시험에 떨어졌다. 첫해 시험을 보러 가는 날 아내는 배웅해 주지 않았다. 아내의 속상한 마음을 알면서도 서운한 마음도 숨기기 힘들었다. 하지만 첫째는 세 살이고 둘째를 임신하고 있었다. 서운함도 사치였다. 가정의 재정은 더 힘들었다. 프리랜서 일을 했지만 말할 수 없이 힘든 시기를 지나고 있었다. 해가 바뀌어도 여전히 신학을 공부하는 건 미친 짓 같아 보였다. 그럼에도 하나님의 부르심에 순종해야 한다는 마음이었다. 아내의 마음이 어땠을지 지금은 상상조차 할 수 없지만, 그때는 하나님의 부르심에 순종하는 것밖에 보이지 않았다. 지금 생각해보면 아내가 가정을 지켜주고 있는 것만도 정말 감사한 일이다. 첫해 시험에 떨어지고 그 이듬해에 우여곡절 끝에 결국 대학원에 합격하고 신학을 시작할 수 있었다.

## 신학 Theology

　일반대학원에 처음 들어갔을 때 나는 거침없이 칼날을 휘두르는 망나니 같았다. 그 얕은 지식으로 옳고 그름을 단언하며 스스로가 가진 논리를 확신하며 싸움을 걸었다. 스스로 아는 것이 없다고 말하면서도 확신 있게 말하는 모순상태에 있었다. 배움이 길어질수록 점점 확신 있게 말할 수 있는 것이 없다는 것을 깨닫게 되었다. 어느 순간 무엇이 옳다 그르다를 말하는 것에 신중해지다 못해 아무 말도 할 수 없게 되었다. 스스로 가진 지식의 부족함을 깨닫게 되고 나서는 하나님의 말씀 외에 내가 확신할 수 있는 것은 없었다.

신대원 입학


지금 생각해보면 참 우스운 일처럼 생각되지만, 오랜 교회 생활을 하다 보니 마치 계급사회처럼 사역자를 높이 보는 경향이 있었다. 그래서 학업을 시작할 때 난 집사에 불과하고 여기 있는 분들은 모두 전도사님들이라는 생각에 동기 전도사를 대할 때 조심스러움과 높이 보는 마음이 있었다. 나처럼 집사나 청년으로 대학원에 온 분들도 있었지만, 하나님이 알고 싶다는 이유로 대단한 사명 없이 신학을 시작하는 나보다는 더 대단해 보였다. 하지만 신학교에서 함께 지내며 알게 된 동기들의 모습은 평범한 청년들과 다름이 없었다. 우리는 시험에 허덕이고, 학자금

🌱

대출을 갚기 위해 아르바이트를 하며 공부하는 학생들이 있었다. 가정이 있는 분들은 틈틈이 생업을 하며 학업을 병행했고 사례비가 없어도 작은 교회를 섬기는 헌신적인 동기들도 있었다. 돈이 없어서, 혹은 식비를 아끼려고 식사를 거르는 동기도 있었다. 나도 상황은 크게 다르지 않았다. 첫해에는 전도사로 사역을 한 것도 아니어서 더 힘들었지만, 교육 전도사로 사역을 시작한 뒤에도 상황은 나아지지 않았다. 심지어 O.T 중에 아내가 셋째까지 임신했다는 연락을 받았고 대학원을 다니면서 세 아이의 아빠까지 되었다.

하나님께 순종하는 것과 가족의 삶을 이어나가는 것은 어느 것도 쉽지 않았다. 간간히 들어오는 사진 일을 수업 시간을 피해가며 어떻게든 놓치지 않고 일했다. 대부분의 동기처럼 등록금과 생활비까지 학자금대출을 받아가며 학교에 다녔다. 차비와 책값에 식비조차 모두 부담이었다. 거의 매일 과제를 하다가 새벽에 잠들었고 아침 일찍 학교로 출발했다. 아이는 둘이었고 곧 셋째가 태어날 예정이었지만 프리랜서로 일하는 수입으론 생활비를 보태기는커녕 내 앞가림만 하기도 버거웠다.

이 모든 일은 아내의 희생과 헌신이 있었기에 가능했다.

가정을 돌보는 시간은 줄어들었고 아내의 짐은 더 무거워졌다, 이 상황에 학업조차 제대로 해내지 못한다면 우리의 고생들이 아무 의미가 없는 것처럼 될 것 같아 더 열심히 공부했다. 내가 할 수 있는 최선은 나에게 주어진 이 순간에 최선을 다하는 것뿐이었다.

광야


당시에 아내의 수입이 50만 원이었고 처음 교육 전도사로 사역할 때 내 사례비는 85만 원이었다. 그나마도 십일조 등 헌금을 떼고 나면 생활비로는 턱없이 부족했다. 아내는 아내대로 아이들을 돌보며 낮에는 일하고 돌아와서는 아이를 돌보는 일상의 반복이었다. 맡겨진 삶을 열심히 살았지만, 가정을 돌볼 여력은 거의 없었다. 수업을 듣고 나면 도서관에서 과제를 했고 뒤늦게 시작한 공부에 읽어야 할 책들도 많았다. 그때를 생각하면 나는 나대로 하나님이 하라고 하시니 꾸역꾸역 갈 뿐이었고, 아내는 아내대로 끔찍하게 힘든 시간을 보냈다. 이 시기에 아내와 자주 다퉜다. 누구에게 문제가 있어서가 아니다. 각자의 삶을 감당할 수 없지만 피할 수도 없었고 쏟아낼 곳도 없었다. 서로에게 상처를 주고 후회하고 화해하고를 반복했다. 이런 우리의 상황과 상관없이 아이들은 잘 자라주었다. 하나님과 부모님들의 도움으로 어떻게든 살아갔다. 지금도 아내는 이때는 아예 기억이 나지 않는다고 말할 정도로 잊어버리고 싶은 힘든 시기였다. 더는 할 수 있는 것도 없고 지칠 만큼 지치고 아무것도 할 수 없다고 생각될 때 아내도 나도 이런 말씀을 받았다.

*너희는 먼저 그의 나라와 그의 의를 구하라*
*그리하면 이 모든 것을 너희에게 더하시리라 (마 6:33)*

거짓말처럼 우리는 이 말씀을 각자 다른 방식으로 같은 시기에 받았다. 그리고 말씀에 의지해서 광야 같은 삶을 견뎠다. 아이들 분유와 기저귀는 좋은 것을 사도 우리는 항상 세일 상품이나 중고로 사서 입었다. 손에 잡히는 대로 일이 들어오는 데로 일했다. 아무리 일을 해도 항상 적자였다. 아내와 함께 말씀을 나눌 때는 하나님의 나라를 구하는 일에 최선을 다하면 우리 삶의 필요를 채워주실 줄

🌱

알았다. 그러나 계속되는 경제적 어려움은 우리의 건강과 마음을 깎아냈다. 이전에 생각하던 성숙한 기도는 자신의 필요를 위해 우연과 같은 축복을 구하지 않아야 한다고 생각했다. 그러나 더 뒤로 갈 곳이 없을 때마다 우리는 하나님의 도움을 갈망했다. 하나님은 정말 딱 필요한 만큼 죽지 않을 만큼만 도와주시는 것 같았다. 예상하지 못한 일거리가 들어와서 돈이 생기면 꼭 나갈 일이 생겼다. 고생하는 가족들에게 미안한 마음에 여행이라도 같이 가고 싶어서 사역하고 공부하면서도 틈틈이 아르바이트해서 돈을 모았지만 예상치 못한 일로 돈 들어갈 일이 생겨서 통곡하며 울었던 때도 있었다.

　나는 하나님이 부르셔서 가는 길이지만 아이들과 아내는 무슨 죄가 있냐고 대단한 여행을 가는 것도 아닌데 이것도 안 되냐고 처음으로 하나님께 대들어 본 적도 있다. 그래도 어쩌겠는가? 아내가 자주 하는 말처럼 '하나님이 까라면 까는 거지.' 어느 순간 우연 같은 축복이나 엘리야의 까마귀 같은 것은 바라지도 않게 되었다. 그냥 하나님 나라를 위한 삶을 꾸역꾸역 살아냈다. 아내는 일과 육아를 쉬지 않았고, 나는 학업과 맡겨진 사역을 위해 최선을 다했다. 그나마 쉼이라면 학교에 있는 시간뿐이었고 교회에서는 필요한 일이라 생각되면 굳이 시키지 않아도 찾아서 했다. 모든 것은 하나님의 것이니 그를 위해 살아가는 것은 당연한 일이었다. 토기장이가 어떤 그릇으로 어디에 사용하든 부숴버리든 그건 토기장이의 마음이다. 우리가 귀하게 쓰임 받는 그릇이 되지 못했다고 해서 토기장이를 원망하는 것은 의미가 없었다. 내가 할 수 있는 범위 내에서 나의 믿음과 지혜와 능력이 되는 만큼 하나님의 뜻이라 여겨지는 대로 최선을 다했다.

사역지를 구할 때도 사례금은 보지 않았다. 아내도 나도 그것이 옳다고 생각했다. 여러 곳 이력서를 동시에 넣지도 않았다. 한 교회를 기도하고 그 교회에 이력서를 넣고 떨어지면 다른 교회에 이력서를 넣었다. 붙으면 그 교회로 가서 사역했다. 당연히 사역지는 구할 때마다 쉽지 않았다. 모든 것을 하나님께 맡겼다. 더 큰 교회 더 많은 사례나 접근성 같은 개인의 편의는 사역지를 구하는 선택지에 없었다. 그래야 할 것 같았다. 하나님의 도움은 바라지 않았지만 내 삶의 방향을 인도해 주시기를 원했다. 나는 돈에 대해 큰 욕심이 없다. 오히려 더 큰 돈이 생기면 감당하지 못할 것 같아서 매번 기도했다.

❦

 '나를 가난하게도 마시고 부유하게도 마시고 가진 것이 많아 하나님을 찾지 않도록 하지 마시고 가진 것이 없어 하나님이 없다고 하지 말게 하소서.'

 개척하고 광야 같은 시간을 겪다 보니 어느덧 아무리 큰돈이 들어와도 흔들리지 않을 수 있겠다는 생각이 들었다. 간혹 어려움을 당한 분들이 있을 때 재정의 여유가 없어 도움을 주지 못하는 것이 오히려 더 마음을 힘들게 했다. 여전히 지속 가능한 삶을 위해 돈은 필요했지만 적어도 행복한 삶을 위해 꼭 필요한 것은 아니었다. 광야 같은 세월 중에도 배움은 즐거웠다. 그렇게 공부를 싫어했었지만, 하나님을 알아가는 일은 싫지 않았다. 도서관에 있는 시간이 좋았고 새로운 책을 통해 하나님을 알아가는 일이 너무 즐거웠다. 다양한 전공의 교수님을 통해 접하게 된 신학은 수업은 어렵고 과제는 힘들었지만 정말 재미있었다.

교수님들


신대원의 전공별 교수님들은 나름의 특징과 뚜렷한 개성이 있었다. 지금은 은퇴하신 교수님들도 계시지만 학교에 다니면서 교수님들께 참 많은 것을 배웠다. 신학교에 들어가 가장 인상 깊었던 것은 강의실에 처음 모였을 때 신약학 전공 조광호 교수님이 한 말이었다. 대학원에 들어왔다면 이젠 계약직이나 아르바이트가 아닌 목회를 위한 프로라 생각해야 한다는 말이었다. 목회의 프로. 그 말은 나에게 단순히 하나님을 알겠다거나 혹은 선교사로 가겠다는 개인적인 목적보다 하나님에 대해 폭넓고 깊은 수준을 요구한다는 말로 들렸다. 비록 하나님을 알고 싶다는 마음과 선교사가 되겠다는 생각으로 신학을 시작했지만, 개인적인 호기심이 가득했던 나에게 공적인 책임감을 더해주는 말이었다.

조광호 교수님은 바울 박사로 불리셨다. 신약학, 헬라어 등을 가르치셨는데 특히 헬라어는 탁월한 교수법으로 유명했다. 일반대학원에 가서도 전공은 다르지만, 종종 교수님과 만났다. 신약학과 바울에 관련된 질문을 가지고 들어가면 귀찮아하지 않으시고 환대해 주셨다. 조광호 교수님은 목회 현장보다 연구가 어울리는 학자셨다. 끝없이 새로운 분야를 고민하고 연구하는 분이셨고 근래에는 성경과 경제를 접목한 강의를 유튜브로 송출하고 있다.

송인설 교수님은 매우 소탈하신 분이셨다. 유약하게 생기셨지만, 거친 발언을 망설이지 않고 던지시는 분이셨다. 다른 사람이 하면 불편할 말들도 교수님이 하시면 불편하게 들리지 않았다. 송 교수님은 자신이 할 일은 책을 소개해 주는 것이라는 말씀을 많이 하셨다. 그 말처럼 송 교수님을 통해 접한 여러 책이 내 신학의 폭을 넓혀주었다. 수업시간에 소개해 주신 레슬리 뉴비긴의 책은 일반대학원 진학을 결심하게 된 계기가 되었다. 일반대학원에 진학을 하고 나서도 평소 말씀하셨던 것처럼 원하는 분야를 말씀드리면 학자들과 책들을 소개해 주셨고 어떤 분야를 이야기하든 최신 지식과 동향을 알 수 있었다. 영성 관련 연구 학기를 다녀오신 뒤에는 기독교 영성과 상담, 자연 치유와 관련된 활동을 하셨다. 워낙 다독하시는 분이신 만큼 나에게 양질의 책을 낭비 없이 읽어낼 수 있도록 도와주셨다.

교회사 교수님이셨던 송 교수님이 책을 소개해 주시는 분이셨다면 같은 전공의 정병준 교수님은 책을 읽는 방법을 가르쳐 주신 분이셨다. 수업시간에 처음 뵀을 때는 질문도 못하게 하실 정도로 빡빡한 모습을 보이셨지만 일반대학원에서 만났을 때는 전혀 달랐다. 석사 수업 때는 마치 고등학교 수업시간처럼 일방적인 주입식 교육 방식으로 가르치셨지만, 일반대학원에서의 수업은 스스로 찾아갈 수 있도록 이끌어주셨고 학생의 의견이라 해도 깊이 있는 대화로 진지하게 받아주셨다. 특히 나에게 있어서 뉴비긴의 거의 모든 저서와 출판물들을 접할 수 있도록 도와주신 은인 같은 분이셨다. 앞서 한번 밝힌 적이 있지만,

🌱

어떤 글인지에 따라 다르겠지만 학자들의 글들은 논리적으로 완성된 경우가 많아서 배경 지식이 없이 글을 접하게 되면 그저 감탄하고 수긍하게 되어버리는 경우들이 많다. 그래서 저자의 의도를 파악하는 것이 객관적인 글 읽기의 기본이라 할 수 있다. 정교수님을 통해서 다양한 책 읽기 방법과 더불어 객관적인 책 읽기를 배울 수 있었다. 역사라는 주제에 대해서는 역사학계의 각각 상반된 성향을 보인 저자들의 책을 통해서 역사에 대한 나의 자리를 찾을 수 있도록 도와주셨고 아직도 매번 고민하지만 적어도 내 자리가 어디쯤인지 가늠할 방법을 배웠다. 스윗한 분은 아니지만 명철한 분이셨고 학자로서 필요한 많은 부분을 배울 수 있었다.

신학교의 교수님들은 대부분 다들 독특한 아우라와 성향을 보이고 계셨지만, 특히 범상치 않은 분위기를 가진 분이 계셨다. 조직신학은 담당하시는 이명웅 교수님은 교내와 졸업자 중에서도 그분을 깊이 따르는 사람들이 많았다. 그러나 워낙 독특하셔서 강한 반감을 품은 사람들도 적지 않았다. 수업시간에 물을 마시거나 기침한다고 혼나는 건 흔한 일이었다. 그뿐만 아니라 수업시간에 늦게 들어온다거나, 잡담하거나, 졸면, 불호령이 떨어졌다. '교회의 지도자가 될 사람이!'라는 말을 자주 사용하셨는데 교수님의 이런 강직한 태도는 나중에 일반대학원으로 진학하고서야 이해할 수 있었다. 교수님은 하나님의 지식을 가르치고 배우는 행위 자체에 대한 경건함과 진지함을 몸소 보여주셨다. 다들 어린 나이들도 아니고 사회 경험이 많은 학생들도 있었지만, 그저 학점만 따서 목사 안수만 받으면 그만이라는 생각을 하는 신학생들에 대한 경고이자, 가르침이었다. 하나님은 사람과 절대 닿을 수 없는 절대 선의 존재로서, 인간은 그 죄로 인해 하나님과 절대 닿을 수 없는 존재다. 이런 평행적인 관계에 예수 그리스도의 은혜는 말로 표현할 수 없는 것이다. 하나님은 우리를 용서하시고 감싸주시는 분이면서도 우리가 감히 바라볼 수 없는 거룩하고 심판하시는 하나님이신 것을 잊지 않도록 해주셨다.

보수적이지만 진보적인 김세광 교수님은 도대체가 모순적인 말만 하는 분이셨다. 수업시간에 말씀하시는 성찬에 대한 부분이나 설교에 대한 강의들은 매우 진보적이었지만, 또 스스로 보수적이라 말씀하셨다. 왜 매번 모호하게 말씀하시나 싶었지만, 일반대학원에 와서 수업을 통해 교수님의 모호한 모습에 대한 이유를 알 수 있었다. 알게 되면 알게 될수록 진보적이라기보다 오히려 보수적인 분이셨다. 교수님을 통해 다양성 속에 보수적 믿음이 무엇인가라는 질문을 얻었다. 답을 얻지 못했지만 적어도 다양할 수 있는 부분들과 보수적이어야 하는 부분에 대한 경계선을 좀 더 뚜렷하게 구분할 수 있는 통찰을 얻었다. 나는 교회를 다니면서 예배에 대한 호기심이 많았다. 주로 '왜 해야 하는가?'에 대한 질문들이었는데, 예배의 각 순서가 어떤 의미가 있는 것인지, 마치 공식처럼 사도신경은 왜 처음이고 주기도문은 왜 마지막에 하는 것인지. 누구도 가르쳐 주지 않지만 당연하게 하는 것들에 대한 질문이 있었다. 일반대학원에 진학한 뒤 교수님과의 수업을 통해 예배학에 대한 접근을 시도할 수 있었고 이때 정리한 역사 속에 나타난 예배의 변화와 특징들을 통해 현재 드려지고 있는 교회 안의 예배를 조금은 다른 시선으로 볼 수 있게 되었다.

나는 모든 수업을 사명과도 같이 여기고 최선을 다했다. 전공필수를 제외하고는 선교와 교회 개척에 관한 수업을 많이 들었다. 선교는 현지에서 교회를 세우는 일이라 생각했다. 세계 선교의 역사와 현재 그리고 새로운 모습으로 세워지는 교회들에 관심이 많았다. 목사가 되는 것보다 내 안의 부족함을 채우는 것이 먼저였고 나 하고 싶은 사역을 해보고 싶다는 생각보다 확신이 없는 상태에서 사역하는 것을 더 경계했다. 성적은 크게 의미가 없었다. 학점을 따내는 것보다 내용을 이해하는 것이 더 중요했다. 학교에 다니는 동안 나의 지적 갈증을 해소할 만한 책들을 많이 읽고 싶었고, 어려운 책을 읽을 때면 각 분야의 교수님을 찾아 질문하는 것을 망설이지 않았다. 졸업을 위해 필요한 학점과 성적을 신경 쓰지 않을 수는 없었지만, 겉으로 보이는 것보다 내 안을 채우는 것이 더 중요했다. 3년의 신학대학원 과정을 마치고 일반대학원에 가서 나는 동기들이나 후배들에게 학업을 더 진행하라고 권했다. 그 시간의 밀도에 따라 다르겠지만 3년의 세월은 목회하기에 너무 부족하다 느껴졌고, 지식이 없이 주어진 권위는 위험해 보였다.

기록과 논리


처음 수업을 들을 때는 사명감과 긴장감이 가득했다. 하나님을 알아가는 것이 아닌가? 그러나 시간이 지날수록 물음표들의 파티였다. 무슨 소리인지 하나도 알아들을 수가 없었다. 새롭게 깨닫게 되는 부분들도 있었지만, 가르치시는 교수님의 의도를 이해할 수 없거나 동의할 수 없는 부분들도 많았다. 배운 신학을 삶에서 적용하는 것은 더 어려웠다. 이렇게 배운 이론들을 어떻게 적용해야 할지 감이 잡히지 않았다. 한 학교 같은 수업을 듣는 동기들도 각자의 방식으로 이해하고 받아들이고 있었다. 아마도 신학이 가지고 있는 특징이리라. 믿음을 전제로 한 학문이기 때문에 각자의 믿음에 따라 가르치는 것도 받아들이는 것도 달랐다. 동기마다 선호하는 교수님들이 달랐고 생각도 사역하는 방식도 달랐다. 누군가 좋다는 수업이 나에게 그다지 좋지 않을 때도 있었고 내가 많은 것을 배웠던 수업이 누군가에게는 실망스러운 수업이었다. 신학을 처음 접했던 나는 대부분의 수업이 왜 중요한지 어떻게 적용해야 할지도 모르면서 교수님들의 지식에 감탄하며 배우기에 바빴다.

첫 학기가 지났지만 무엇을 배웠다고 말할 수 있는 것이 없었다. 옳고 그름을 판단하는 것조차 사치였고, 그나마 배운 지식이 흩어질까 싶어서 수업 중에 필기한 내용을 다시 한번 복기해 보았다. 정리된 노트를 순차적으로 읽어보니 이상한 점을 발견했다. 각 교수님이 지식을 쌓은 세월과 깊이를 따라갈 수 없다는 것은 알고 있었지만, 막상 정리된 노트를 보니 내가 대부분의 수업에서 수긍하며 받아 적은 것이 분명히 내가 적은 것인데도 불구하고 모순을 이루게 되는 어처구니가 없는 일이 발생한 것이다. 이때 난 나의 부족함을 깨닫게 되는 동시에 두려움도 생겼다. 이단에 빠지는 사람들과 비슷하다는 생각이 들었다. 누군가의 지식에 매료되어 그 논리에 빠져들면 그 사람 이

🌱

상의 경험과 지식을 가지고 있지 않은 한 쉽게 빠져들 수밖에 없다는 사실과 그것이 겨우 한 학기 3달간의 수업 중에 일어났다는 사실에 스스로 약간은 무력감도 느꼈다. 무엇이라도 해야 한다고 생각에 주제별 메모장을 만들었다. 교회론, 신론, 예배론, 선교론 등등의 각 주제를 분류하고 어떤 수업이든지 구분하지 않고 참고하고 싶은 내용을 메모하기 시작했다. 그렇게 매 학기가 끝나면 내용을 점검하고 정리했다. 대단한 내용은 아니지만, 나의 신학의 정체성을 세우기 위한 최소한의 장치였다. 그렇게 3년의 기록을 정리하고 일반대학원으로 진학할 때쯤에는 다양한 교수님들의 신학들 속에서도 나름의 신학을 정리해 낼 수 있었다. 아무것도 없는 상태에서 어설프게 기준을 정하고 취할 것과 버릴 것을 선택하기보다 다양한 정보들을 접하고 정리하며 나의 방향성을 정하는 방식으로 공부해 나갔다.

사경회

 입학하고 얼마 지나지 않아 첫 사경회가 있었다. 사경회는 성경을 집중적으로 공부하는 기간을 의미하는데 신학교 전체 수련회 정도로 이해하면 될 것 같다. 사경회의 마지막 날 기도회 중에 하나님은 나에게 순교를 명하셨다. 너의 생명을 가져가겠다! 라는 단호한 메시지는 나를 적잖게 당황스럽게 만들었다. 반문했다. '저요? 왜요?' 하지만 하나님이 하시겠다면 그럴 수밖에 없는 것이 아닌가? 아이들 생각이 났다. 하나님께 물었다. '저를 데려가시겠다면 기꺼이 순교하겠습니다. 하지만 아이들은 무슨 죄가 있나요? 지금 상황에서 제가 떠나면 남겨진 가족들은 어찌해야 합니까?' 기도하면서 아이들 생각에 많이 울었다. 이런 일들이 이해될지 모르겠다. 이 순교의 메시지는 나에게는 지금 당장과 같은 급박함으로 던져주신 메시지였다. '그럴지도 모르겠다.' 정도가 아니라 '그렇게 하겠다!'는 확정된 메시지였다. 사경회를 마치고 돌아가서 아내와 이 이야기를 나눴다. 아내의 반응도 나와 다르지 않았다. 글로 쓰려니 내용이 좀 이상하지만, 아내 역시 자기는 괜찮지만! 아이들은 어떻게 하냐며 울었다. 우리에게 순교의 메시지는 그저 우연이나 착각으로 여겨지지 않았다. 이 일을 두고 한동안 계속 기도했다. 아브라함과 이삭의 이야기가 생각났다. 하나님께 이삭을 바치려 했던 아브라함의 마음이 어떠했을까? 그 역시도 하나님이 하신다면 그렇게 될 수밖에 없음을 알고 있지 않았을까? 나도 하나님이 하신다면 그럴 수밖에 없음을 인정하고 아이들의 삶을 맡아주시기를 기도했다. 이 일로 나는 매일의 하루를 마지막 날처럼 여기며 살게 되었다. 주님이 오늘 오시나 내가 먼저 죽으나 어차피 언제 떠나야 할지 모르는 인생이 되어버린 하루하루를 더 소중히 여겼고 가족들과의 시간을 위해 더 노력했다. 무리해서라도 함께 여행도 가고 즐거운 시간을 갖기 위해 노력했다. 굳이 돈이 없이도 가족이 함께라면 어디라도 즐겁고 행복했다. 그렇게 첫 학기를 보냈다.

선교

　신학을 시작한 이유가 선교였던 만큼 전공필수를 제외하고는 주로 선교와 교회 개척에 관련된 수업을 수강했다. 수업을 듣다 보니 선교지에서 복음을 전하기 위해 다양한 방법들도 중요하지만, 장기적인 측면에서 현지인들의 신앙적 자립을 위해 교회를 세우는 것이 가장 중요한 일 같았다.
　우리가 선교지에 간다는 것은 당연히 전도의 목적성을 가지고 가는 것이다. 그러나 목적이 있는 친절은 전도에 알맞지 않아 보였다. 그들에게 빵이 필요한 것인지 복음이 필요한 것인지를 판단하는 것조차 목적을 위한 우리의 판단에 불과하다. 아무리 많은 연구를 하고 전략적으로 준비를 해도 목적성을 둔 행위라는 점에서는 다름이 없다. 당연히 선교라는 행위 자체가 목적성을 가진 것을 의미한다. 복음을 전한다는 말을 아주 소극적인 기준으로 정의하면 전하는 것까지만 우리의 책임이 되겠다. 더 중요한 것은 복음을 전한 이후의 모습이다. 이후에 우리가 그들과 함께 지내면서 우리가 전한 복음대로 살아내는 모습이 그들에게 우리가 전한 복음의 증거로서 작용할 수 있어야 한다. 이런 증거들을 근거로 그들이 우리와 같은 삶을 살아내길 원하게 된다면 그때 그들에게 교회 공동체를 이룰 방법과 스스로 자립하는 교회가 될 수 있도록 돕는 것이 옳은 선교 방향이라 할 수 있다.

선교를 위해 가장 중요한 것은 바른 교회 공동체를 세울 수 있는 교회론이라는 생각에 교회 개척 관련 수업들도 집중적으로 수강했지만, 원하는 지식을 얻지는 못했다. 선교지에 학교를 세우기 위해서 박사학위가 필요할지 모른다는 생각에 이때부터도 일반대학원을 어느 정도 염두에 두고는 있었지만, 여전히 나는 해외 선교보다 국내 전도에 관심이 더 많았다. 인도에 가서 부르심을 받아 다시 신학을 시작했지만 공부하면 할수록 '말이 통하는 한국에서도 복음을 제대로 전하지 못하면서 굳이 외국으로 가서 복음을 전해야 하나?'라는 생각하고 있었다. 처음에는 그 나라 아이들과 사람들이 눈에 아른거렸지만, 시간이 지날수록 지금의 한국교회의 현실이 더 심각하게 느껴졌다. 지금의 한국교회는 하나님을 몰라서 안 믿는 것이 아니라 교회가 싫어서 하나님을 안 믿는 사람들이 더 많다. 선교학과 교회 개척 관련 수업을 들으면 들을수록 이런 확신은 점점 깊어졌다. 선교보다 한국교회가 더 시급하게 느껴졌다. 세계의 오지에 하나님의 존재를 들어보지 못한 사람들을 향한 선교의 시도들은 여전히 필요하지만, 문화가 다른 사람들을 향한 전도를 선교로 정의한다면 다문화사회로 변화가 가속화되고 있는 한국에서 굳이 다른 곳으로 가야 할 필요도 없다. 각자의 방식으로, 각각의 나라로 소명을 받을 수도 있겠지만, 그것이 꼭 그 나라로 가야 한다는 것을 의미하는 것 같지 않았다. 지금 있는 자리에서 하나님의 마음을 이해하고 자신의 삶을 변화시키기 위한 노력이 우선이었다. 비전트립이나 선교여행이라는 이름으로 분기마다 혹은 나라를 정해서 정기적으로 짧게 다녀오는 선교의 경험들이 과연 현지에 도움이 되는지 아니면 자신의 필요를 위한 것인지에 대한 구분 정도는 해야 한다고 생각했다. 그저 나보다 못한 삶을 살아간다고 생각하는 사람들을 보며 자신의 삶에 감사를 느낀다면 그 또한 그 사람들을 향한 기만이라 할 수 있다. 그들의 믿음이 더 나을 수도 있는 것 아닌가. 이들이 살아가는 모습이나 복음을 전하는 선교사들의 삶을 보고 하나님의 일하심을 직접 경험하는 것도 귀한 경험이겠지만 의미 없이 반복되는 선교의 경험들은 우리의 신앙에 오히려 독이 될 수도 있다고 생각한다. 단기 선교로 간 인도에서 영적인 체험을 통해 신학을 다시 시작하게 되었지만, 대학원에 들어와서 공부하다 보니 굳이 선교의 소명을 받은 인도로 가야만 한다는 생각은 많이 희석되었다. 교회 개척에 관한 수업들도 대부분이 도심 개척을 대상으로 한 수업들이었고 다양한 전도 방법과 교회 개척 사례들을 소개하는 내용이었다.

선교에 관련된 수업들에서는 타 문화권 선교에 대한 다양한 시도들과 선교에 대한 새로운 패러다임들을 접할 수 있었다. 타 종교인에 대한 문제나 젠더 갈등, 환경 문제 등에 관해서도 우리에게 주어진 복음을 전하는 사명에 대한 새로운 이해가 필요하다고 느꼈다. 방대한 수업의 내용을 모두 나열할 수는 없지만, 선교의 패러다임 역시 다문화로 변해가는 환경에 맞게 전략적인 변화가 이루어지고 있다는 것을 배울 수 있었고, 선교지에서의 교회 개척을 준비하려고 들었던 두 분야의 수업들은 전혀 다른 결론으로 이어졌다. 교회가 없는 곳으로 가서 복음을 전하는 것이 가장 좋겠지만 현실적으로 든든한 후원교회가 있다고 해도 매우 어렵고 힘든 길이다. 한편으론 이미 여러 나라에서 출발한 선교사들은 세계 각지에서 지역선교사로 자리를 잡았고 교단 구분 없이 지역 교회들이 협력하여 선교하고 있다. 나라에 따라 복음을 전하는 것에 어려움이 있는 곳도 있으니 새로운 선교사들이 빈 부분을 채워주는 것도 충분히 유의미한 발걸음이겠지만 전적으로 개인적인 입장에서는 국내에서 교회를 고민하는 것이 더 나아 보였다. 오해하지 않았으면 하는 건 소명과 열심을 가지고 선교지로 떠난 선교사들의 선택이 어리석다거나 잘못됐다는 의미가 전혀 아니다. 하나님을 아는 일과 복음을 전하는 것이 언어와 문화가 익숙한 한국에서도 쉽지 않은데 굳이 언어를 위해 시간과 노력을 더 해 현지 문화에 적응하고 여러 가지 법적, 사회적인 문제들을 해결해 나가며 교회를 세워나가는 것이 나에게는 더 나은 일처럼 여겨지지 않았을 뿐이다. 굳이 서로가 받은 소명의 다름을 비난할 필요도 없고 옳고 그름을 가를 필요도 없다. 온갖 고생을 각오하고 가진 것을 모두 팔아 오지를 찾아가 복음을 전하지 않는다고 해서 혹은 그런 선교 활동을 돕지 않고 동의하지 않는다고 해서 서로를 비난하거나 비난받아야 할 이유도 없고 죄책감을 느낄 필요도 없다. 오히려 각자의 자리에서 최선을 다하며 서로의 사역을 존중해야 함이 옳다. 스스로 생각하기에 더 힘들고 어려운 길을 가는 것이 더 가치 있는 일인 것을 의미하지 않은 것처럼 스스로 할 수 있는 일에 집중하는 것이 더 중요하다. 하나님은 우리를 다양하게 창조하셨고, 할 수 있는 일도 해야 할 일도 다르다. 굳이 누군가를 따라 살아갈 필요도 없고 어떤 인물을 닮기 위해 노력할 필요도 없다. 우리는 그렇게 오롯이 자신의 창조된 목적을 찾아 창조된 본연의 모습으로 살아가야 한다. 개척하고 나서도 하나님은 믿지만, 교회는 싫다는 사람들을 많이 만났다. 국내 교회는 한 집 걸러 한 집 수준의 밀집도를 자랑하고 있지만, 그 많은 교회에 비해 천주교를 포함해도 하나님을 믿는 사람들의 수는 많지 않다. 오래된 자료지만 통계청 15년 기준 개신교 19.7% 천주교 7.9% 포함 27.6%에 불과하다. 그나마 지난 9년간 교회가 성장했을 것이라는 기대는 되지 않는다. 왜 15년 이후에는 단 한 번도 통계가 이루어졌는지 모르겠지만 주변 교회들의 인구 감소는 절대 더디지 않다. 교인의 감소를 인구 감소만을 핑계 삼기에는 젊은이들이 교회를 오고 싶지 않아 하는 이유는 너무도 뚜렷하고 교회에서 자란 청년들도 교회에 남기보다 떠나는 것을 선택하고 있다. 인구 감소는 주요한 이유가 될 수 없다. 외국인 선교사들의 피를 양분하여 성장한 한국교회는 수많은 선교사를 파송하던 청출어람에서 이제는 스스로를 선교해야 할 상황에 이르렀다.

선교는 무엇일까. 우리는 선교를 타 문화권 사람들을 향한 복음 전도로 정의한다. 과거 서양의 선교는 가히 폭력적이었다. 믿지 않으면 진짜 죽였다. 천국 가고 싶다면 믿으라는 것은 선교인가? 협박인가? 그러나 우리는 기억해야 한다. 우리를 창조하신 하나님도 우리에게 선악을 강제하지 않으셨다. 이스라엘의 하나님은 선택된 이스라엘만을 사랑하셨고 하나님의 사랑을 받지 못한 다른 나라들은 창조주인 하나님을 인식하지 못하고 우상을 섬기는 어리석고 악한 민족들이었다. 이 어리석고 악한 민족들도 모든 세계를 창조하신 하나님의 피조물이지만 하나님의 편애는 꽤 오랫동안 지속되었다. 십자가 프로젝트는 그 전과 다르게 적극적으로 이방인들의 나라를 하나님의 자녀로 삼기 위한 출발점이었다. 예수 그리스도의 등장과 함께 전 인류를 향한 하나님의 어마어마한 계획이 시작되었다. 예수님은 사랑과 평화를 외치셨다. 예수님의 승천 이후 제자들도 사랑과 평화를 외치며 세계로 향했다. 이들의 선교에 강요는 없었다. 사실 강요할 수 있을 만큼의 힘도 없었다. 우리는 여기서 선교의 근원적인 모티브를 찾을 수 있다. 그것은 '러브!' 사랑을 이유로 폭행한다면 그것은 사랑이라 하지 않는다. 소유와 집착이 낳은 변질된 폭력에 불과할 것이다. 사랑은 일방적인 것이 아니라 상호 유기적인 감정이다. 하지만 폭력적인 선교는 지금도 여전히 존재한다. 오롯이 일방적으로 주는 행위는 또 다른 폭력으로 발전할 수 있다. 단순히 주는 것으로만 만족하고 외면하는 것은 부패를 조장할 수 있다. 이 문제는 단순하지 않다. 몇 마디 말로 판단하고 결론지을 수 있는 문제들이 아니다. 짝사랑이 언제나 성공할 수 없듯이 서로 사랑하기 위해서는 긴 시간 서로 배려하고 함께 살아가는 주고받는 삶으로 이어져야 한다. 여기서 말하는 삶이 나와 너의 삶을 구분하는 것이 아님은 분명하다. 너와 내가 함께 만들어 가는 삶. 그것이 바로 사랑하며 살아가는 삶이다.

🌱

선교는 사랑을 통한 행위이자 사랑이 목적인 행위여야 한다. 명령이기 이전에 자발적인 순종과 사랑을 이유로 하는 서로를 향한 자발적인 희생이 특징이라 할 수 있겠다. 난 사랑을 참 좋아한다. 예전부터 사랑지상열주의 라는 농담 같은 말로 사랑만 있으면 살 수 있다고 말하고 다녔고 지금도 그렇다. 하나님을 믿는 종교 중에 그 누구도 부정하지 못할 진리가 있다면, 하나님이 우리를 사랑하시고, 우리가 서로 사랑하길 바라시며, 서로를 사랑하는 그 모습으로 창조주이신 하나님을 사랑하길 원하신다는 것이다. 오랜 신학을 공부한 결론은 '하나님 사랑과 이웃 사랑' 10글자면 충분했다.

장로교인


　날이 맑고 선선한 어느 날이었던 것으로 기억된다. 교문에서 벧엘관으로 올라가는 어마어마한 언덕 옆에 작은 계단 길이 있다. 그 길은 계단이 많아서 그런지 다니는 사람들이 많지 않았지만, 나뭇잎이 무성해지며 만드는 그늘이 선선하고 고즈넉한 분위기를 만든다. 어느 날 그 길에서는 잘 보이지도 않을 '서울장신대학교'라고 쓰인 대형 간판이 유독 눈에 들어왔다. 문득 나는 내가 왜 장로교 신학교에 와있나, 하는 생각이 들었다. 동네에 있던 놀이터를 놀러 갔다가 교회를 다니게 됐을 뿐이다. 우연히도 고등학교 합창부에서 만난 친구가 다니던 교회도 장로교회였고, 그 친구가 다니는 교회를 같이 다니다 보니 자연스럽게 장로교인이 되어있었다. 신학을 준비할 때 아세아연합신학교를 갈까도 했지만, 친하던 김성중 목사님의 권유로 서울장신대를 입학해서 장로교 목사가 되었다. 신학교를 선택할 때까지도 장로교의 교리나 교파의 차이를 알고 선택하지 않았다. 장로교 교회에 출석하다 보니 자연스럽게 여기까지 왔을 뿐 어떤 교리적인 이해를 하고 교단을 선택한 적도 없고 그럴 만한 지식도 경험도 없었다. 만약, 놀이터가 있던 그 교회가 사이비 교단이었다면, 나를 부르신 선생님이 교회가 아닌 절의 스님이었다면, 내가 과연 이 자리에 있을까? 부모님 따라, 친구 따라, 아는 사람 따라 교회에 간 사람들이 교단과 교파의 차이를 알고 교회를 선택한 사람이 얼마나 될까? 신학교에 들어와서 칼빈의 말이 바르트가 무슨 말을 하는지 장로교의 장로교다움이 무엇인지를 열심히 배워도 졸업하고 사역을 하다 보면 어렴풋이 기억할 뿐 금방 잊어버리고, 중요하지만 중요하지 않은 문제들을 가지고 교단과 교파를 갈라 서로를 구분하는 것이 무슨 의미가 있을까? 그리스도의 사랑이 없다면 이방인에 불과한 우리가 어떻게 구원의 은혜를 입을 수 있었을까를 생각해본다면 죄인인 우리가 더한 죄인과 덜

한 죄인을 나누고 이방인인 우리가 정통성을 다투는 꼴은 더 우스운 상황이 아닌가. 선민 이스라엘조차 하나님 앞에 고개를 들 수 없는 상황이지만 그렇다고 이방인인 우리가 그들보다 나음을 자랑할 수도 없는데 말이다. 우리가 하나님의 은혜로 말미암아 구원을 얻게 된 사실에는 변함이 없는데 우리가 서로 배척하는 모습이 과연 하나님이 원하시는 일인 것인가. 하나님에게 모든 피조물은 하나님의 것이며 그의 손길이 닿지 않음이 없다. 하나님의 오래 참으심은, 이 모든 피조물을 향한 사랑에 있다. 말 잘 듣고 잘 믿는다고 여기는 이들도, 하나님을 부정하고 발버둥치는 이들도 하나님의 피조물이다. 그의 오래 참으심은 모든 자녀가 자신에게로 돌아오기를 기다리고 계신다. 그러나 그런 하나님의 마음과 달리 하나님의 선택과 유기는 분명히 존재하고 모든 피조물을 구원하지 않으시는 것도 분명하겠지만 그가 몇몇 사랑하는 이들만 구원하고자 의도하신 것도 아니셨다. 심판을 유예하시는 기나긴 기다림의 이유는 분명히 우리를 향한 사랑이 아닌가? 누구를 선택하고 유기하실지 알 수 없는 상황에 서로가 날을 세우고 잘라내기보다 하나님의 창조 섭리처럼 서로 사랑하고 함께 살아가기 위해 노력하는 삶을 살아야 하는 것 아닌가?

🌱

　서로를 가르고 나누고 경쟁하는 문제는 여타 교단 간을 넘어서 같은 교단 안의 교회들끼리의 문제로도 그치지 않는다. 교회 밖 사람들과의 관계뿐 아니라 교회 안에서의 관계에서도 이 문제에서 벗어나지 못한다. 네 이웃을 네 몸과 같이 사랑하라고 말씀하셨지만, 우리는 같은 교회 안에서도 이웃과 이웃이 아닌 사람을 구분하고 있다. 다름과 틀림을 이야기하지만 우리는 다르다고 말하면서 틀림으로 인식하는 삶을 살아가고 있는 것은 아닐까?

　우연히 마주한 찰나의 순간에 눈에 들어온 학교의 간판이 나에게 깨달음과 동시에 교회에 대한 지끈한 두통을 던져주었다.

일반대학원


대학원에 들어온 뒤 시간은 정말 바람같이 흘러갔다. 대학원을 졸업하고 M.Div 학위로 목사안수를 받기 위한 필요조건은 만족하지만, 충분조건에는 부족한 느낌이다. 길게 느껴지던 3년의 세월이 어느덧 얼마 남지 않았지만, 여전히 나는 누군가에게 하나님을 잘 표현할 수 있을 만큼의 지식은 없다는 사실이 마음에 걸렸다. 신학의 전반을 개관한 정도의 지식일 뿐 아직도 내 안에는 하나님을 향한 해결되지 않은 질문들이 있었고, 해외 선교에 대한 필요를 확신하지 못하면서도 여전히 혹시라도 하나님이 보내시면 언제일지 모를 그때 도움이 될까 싶은 마음에 박사과정을 준비하고 있었다. 또 그와 별개로 국내든 해외든 교회를 세우기 위한 바른 신학의 필요도 대학원을 향한 중요한 이유 중의 하나였다. 그렇게 역사 속에 나타난 교회의 역사 속에서 지금까지도 변하지 않는 원형들을 찾아보겠다는 목적으로 세계 교회사 전공으로 일반대학원 진학을 결심했다. 입학과 동시에 타이밍 좋게 신학연구소 조교의 자리가 나와서 조교 일을 하며 학비를 충당할 수 있었다. 그러나 오가는 차비와 식비는 해결할 방법이 없었다. 조교실에 1인용 밥솥과 반찬을 가져다 두고 밥을 해 먹으며 식비를 아꼈다. 사역과 더불어 학업을 진행하는 일은 쉬운 일이 아니었다. 조교 일은 3학기까지만 하고 이후에는 학자금대출을 받아 생활했다. 아내가 낮에 잠깐 일하는 것으로 받는 월급은 생활비를 하기에도 턱없이 부족했다. 당시 나는 파주 쪽에 있는 교회에서 사역하고 있었다. 같은 경기도지만 광주와 파주를 오가는 데 필요한 유류비는 사례비의 1/3을 넘게 차지했다. 사례비로는 십일조 떼고 유류비만 빼도 아내에게 줄 것이 거의 없었다. 그때는 정말 어떻게 살았었는지 지금 생각해 봐도 아내한테 고마운 마음과 하나님의 은혜로 살았다는 것 말고는 설명할 길이 없다. 이때 같이 사역하던 전도사님의 소개로 재택아르바이트를 한 적이 있다. 아이들을 데리고 제주도라도 데려가고 싶은 마음에 두 달여간 일하면서 80여만 원을 마련했다. 다섯 식구가 여행을 가기에는 턱없이 부족했지만, 그마저도 일이 생겨서 그 돈을 고스란히 쏟아부어야 했다. 집으로 가는 차 안에서 친구와 통화를 하면서 철들고 나서 제일 서럽게 울었다. 나는 괜찮지만, 아이들과 아내는 무슨 죄냐고 이것조차 허락하지 않으시는 거냐고 펑펑 울었다. 그래도 하나님이 하신다면 별수 없었다. 그때나 지금이나 우리는 여전히 광야를 지나고 있다.

일반대학원 과정은 개척하기 직전 즈음해서 중간에 한 학기 휴학을 한 것 빼고는 모든 과정을 끝냈지만, 논문을 쓰기에는 아직 자료가 많이 부족했다. 이때만 해도 뉴비긴을 통해 선교적 교회에 관한 논문을 쓰려고 했다. 그의 삶과 교회론이 지금의 교회들에 도움을 줄 수 있을 것이라 확신했다. 알면서도 못 하는 것들이 넘쳐나는데 굳이 거기에 무엇을 더한다고 해서 교회가 달라질 것 같지는 않았지만, 그간 노력해 왔던 교회에 대한 학문적인 접근을 정리하고 현장 교회들의 경험과 교회를 개척하는 목사들의 실제 사례들을 소개하고 마지막으로 직접 개척한 경험을 바탕으로 논문을 마무리하면 어느 정도 정리된 논문이 나오지 않을까 생각했다. 일반대학원에 처음 들어갔을 때 나는 거침없이 칼날을 휘두르는 망나니 같았다. 그 얕은 지식으로 옳고 그름을 단언하며 스스로가 가진 논리를 확신하며 싸움을 걸었다. 스스로 아는 것이 없다고 말하면서도 확신 있게 말하는 모순상태에 있었다. 배움이 길어질수록 점점 확신 있게 말할 수 있는 것이 없다는 것을 깨닫게 되었다. 어느 순간 무엇이 옳다 그르다를 말하는 것에 신중해지다 못해 아무 말도 할 수 없게 되었다. 스스로 가진 지식의 부족함을 깨닫게 되고 나서는 하나님의 말씀 외에 내가 확신할 수 있는 것은 없었다. 논리가 구성된다고 해서 언제나 옳은 것을 의미하지는 않았다. 1+1은 2가 될 수 있지만, 항상 2가 옳다는 것을 의미하지 않는다. 박사과정을 지나고 논문을 쓰고 학위를 받는다고 해도 자신이 아는 분야에만 송곳 같은 지식을 가지고 있을 뿐 모든 분야에 탁월함을 의미하지는 않는다. 해당 분야의 지식을 얻기 위한 접근 방법을 이해하고 있다는 정도가 박사라는 학위의 의미라고 말할 수 있겠다. 배우면 배울수록 내가 채웠던 지식이 모래사장의 모래처럼 느껴졌다. 자료를 찾으며 논문을 읽으면 읽을수록 내가 더 쓸 내용이 없을 정도로 좋은 논문들이 이미 존재한다는 것을 확인했다.

남들이 발견하지 않은 것을 찾아내는 일은 자기만족처럼 보였다. 좋은 글이 없는 게 아니다. 볼 기회가 없을 뿐이었다. 이때는 교수님들이 신학교에서의 교육이 현장에서 적용하기 위해 보완해야 할 것이 무엇인가를 고민하던 시기였고, 나는 지식으로 배운 교회를 세상 속에서는 어떻게 적용할 수 있을지를 고민하던 때였다. 이미 차고 넘치는 교회에 대한 지식이 과연 현장에서는 어떻게 적용되고 있는지 궁금했다.

교회 이야기

## 준비

 난 40여 년간을 살아내면서 만들어진 '내'가 할 수 있는 교회를 해야만 지속 가능할 수 있을 것 같았다. 수업을 통해 교회 개척에 관련된 리포트를 몇 번 작성한 적은 있었지만 실제로 교회 개척에 적용한다는 것은 전혀 다른 문제였다. 나도 평범한 사람이라 그동안 생각했던 개인적인 바람들을 교회에 담아 교회의 시작을 준비해 보고 싶었다.

교회 탐방


 먼 거리로 다니던 교회를 사임하고 연말까지 두 달 정도 공백이 있었다. 이때를 기회로 나는 다양한 교회의 예배를 경험해 보고 싶었다. 사역할 때는 교회에 매여 있었고, 신학을 하기 이전에는 교회의 봉사에 매여 다른 교회의 예배를 경험할 기회가 없었다. 이왕이면 어느 정도 알려진 교회 중에 특색 있는 교회의 예배를 경험해 보고 싶었다. 나에게 주어진 두 달의 시간 동안 되도록 메인 예배에 참여하고 안 되면 오후 예배라도 참여해서 교회의 분위기와 예배를 경험해 보는 것을 목적으로 11곳의 교회를 방문해 볼 수 있었다. 예배에 참석하면 처음 만나게 되는 예배 안내부터 시작해서 예배 시작 전 15분 전부터 준비하는 과정과 순서, 그리고 예배가 끝나고 돌아오는 과정까지를 분 단위로 기록했다. 사람의 표정과 전체적인 분위기 그리고 예배와 설교의 특징적인 부분들을 눈여겨봤다. 미디어의 활용이나 예배순서와 예전 예식 등과 같은 부분들을 기록하고 공통점을 찾아보려 애썼다.

예배마다 기록한 것은 많았지만 말할 수 없는 특별함들이 있었다. 그때의 자료들을 나누는 것이 교회의 평가로 받아들여질까 싶어 굳이 남기지 않지만, 한가지 말할 수 있는 것은 모든 교회가 하나님과 사람들의 만남을 위해 다양한 방법을 통해 시도하고 있었다는 점이다. 비록 교단이 다르고 목회자가 다르고 규모도 다르고 예배형식도 다르고 모든 것이 다 다르지만 하나의 마음. 하나의 믿음. 예배 안에 하나님을 만나기 위한 몸부림이 있었고, 익숙하고 반복적으로 드려지는 예배로 느껴지지 않았다.

이 탐방의 마지막에는 한때 하나님을 원망하게 했던 제주도 여행도 갈 수 있었다. 나의 계획은 무너졌지만, 하나님의 은혜로 온 가족이 제주도에서 새로운 교회의 예배도 드리고 하나님의 살아계심을 느끼며 쉼을 얻을 수 있었다. 제주도를 마지막으로 교회 예배들의 경험하고 돌아와서

🌱

예배에 대한 작은 소논문으로 정리했다. 준비 없이 시작해서 어설펐지만, 교회 개척에 앞서 현장 목회에 경험해 보고자 했던 첫 시도였다.

교회 개척

　마지막으로 사역했던 교회는 나에게 쉼표 같은 교회였다. 이전까지는 사역과 학업 그리고 삶까지 너무 지치고 힘든 삶을 살아왔기 때문에 이제는 좀 쉬고 싶은 마음이 간절했다. 교회에 부임 할 때는 3년이나 4년쯤 있다가 개척하게 될 것 같았다. 개척을 계획했다기보다 '그렇게 되겠구나' 하는 마음이었다. 그 시기는 생각보다 빨리 찾아왔다. 교회의 사역이 힘들어서 빨리 떠나고 싶은 생각은 없었지만 3년이 지나갈 때쯤 개척을 해야 한다는 마음이 생겼다. 담임목사님이 혹시 담임으로 갈 생각은 없냐고 물으셨을 때 그런 생각이 있었다면 굳이 나갈 이유가

🌱

없다고 말씀드렸다. 개척은 해야 하는 일이었을 뿐, 더 편한 삶을 위한 선택은 아니었다. 하나님이 가라 하시니 인간적인 마음으로는 준비가 되지 않았지만 순종할 뿐이었다. 막상 교회를 나오니 감이 잡히는 게 없었다. 교회 개척에 대해서 신대원 시절부터 지금까지 10여 년을 준비했지만 배웠던 것과 지나왔던 교회들을 돌아보며 고민을 해봐도 딱히 떠오르는 게 없었다. 머리로 배운 지식과 현장과의 거리도 멀었고, 막상 내 일이 되니 어떻게 개척을 시작해야 할지 확신도 없었다. 모든 일에는 시작이 중요하지 않은가? 처음을 어떻게 시작했는지가 앞으로 교회의 정체성을 결정하게 된다는 생각에 고민은 더 깊어지고 신중해졌다.

나에게 새로운 교회의 시작을 맡기셨으니 내가 할 수 있는 교회를 고민하는 것이 옳다고 생각했다. '나'라는 존재는 우주적인 관점에서 티끌 하나만도 못한 존재이지만 하나님의 피조물로서 창조주의 명령을 받는다는 점에서 특별한 지점에 있었다. 다만 그가 나를 개밥그릇으로 사용하실지 황금 그릇으로 사용하실지를 알 수 없다. 과연 나는 개밥그릇인가 황금 그릇인가. 그냥 뭐 평범한 가정집 스테인리스 밥그릇 정도면 좋겠다. 특별하지 않지만 튼튼하고 요즘은 흔하지 않지만 자주 사용하는 뭐 그런 정도. 이런 관점에서 교회에 대한 질문은 '나'에 대한 질문이 먼저였다. 지난 40여 년간을 살아내면서 만들어진 '내'가 할 수 있는 교회를 해야만 지속 가능할 수 있을 것 같았다. 수업을 통해 교회 개척에 관련된 리포트를 몇 번 작성한 적은 있었지만 실제로 교회 개척에 적용한다는 것은 전혀 다른 문제였다. 나도 평범한 사람이라 그동안 생각했던 개인적인 바람들을 교회에 담아 교회의 시작을 준비해보고 싶었다.

먼저는 한 사람으로 인해 좌지우지되지 않는 교회가 되길 원했고. 담임목사가 없더라도 교회의 가치가 흔들리지 않고, 새로운 성도들이나 외부에서 들어온 몇몇 사람들로 인해 흔들리지 않는 교회가 되기를 원했다. 그런 교회가 되기 위해서는 교회의 구조와 방향을 혼자 만들어나가는 것은 옳지 않아 보였다. 어쩌면 이것조차 내가 만들어 가는 교회의 방향이 될 수 있겠지만 결과적으로는 교회는 구성하는 이들과 함께 세워나가야 한다고 결론을 내렸다. 최소한의 예배로 시작하고 새롭게 오는 이들과 함께 세워나갈 수 있도록 최대한 많은 계획의 공백을 남겨두기로 했다. 주일 예배 하나면 충분했다. 억지고 구색을 갖추기 위해 다른 교회를 따라 하고 싶지 않았다. 하나님이 나를 통해 세우시는 교회는 내가 지속 가능할 수 있는 교회여야 하고, 마음이 맞는 사람들이 모이면 그들과 함께 세워나가는 교회가 되길 원했다.

두 번째는 어떤 교회에도 개척을 위한 도움을 요청하지 않았다. 물론 도움을 요청하면 받을 수 있으리라 생각되고 또 도움을 주신다는 분들도 있었지만, 정중히 반려했다. 하나님만 의지해서 시작하자는 마음이었다. 고생은 하겠지만 교회의 시작부터 차근히 세워나가고 싶었다. 인터뷰했던 목사님들 중에는 지원을 적극적으로 권장하신 분들도 있었지만 나는 한번 믿음으로 가보자는 생각이었다. 결과적으로는 빨리 주님이 오셨으면 좋겠다는 생각이 들 만큼 교회를 지키는 일은 힘들었지만, 하나님이 세워나가시는 교회를 직접 경험하고 확신할 수 있었다. 도움을 받아 개척하는 것은 쉽고 편하게 시작할 수 있지만 도움이 끝나는 시점이 찾아왔을 때 온전히 자립하기 어려울 것 같다는 생각도 있었다. 주변을 돌아보면 지원이 끝난 뒤에도 자립하지 못하고 고생하는 경우를 많이 보았다. 차라리 지속 가능할 수 있는 정도의 규모로 시작하고 차근히 세워나가는 것이 더 건강한 교회가 될 것으로 생각했다.

세 번째로 교회 공간이 주중에 계속 비워두는 것보다 주중에 상업 공간으로 삶을 위한 공간으로 사용하고 주일에는 교회가 그 공간을 빌려 예배드리는 것이 좋겠다고 생각했다. 커피를 좋아하기도 했고, 좋아하는 일을 잘할 수 있을 것이라는 생각도 있었다. 그래서 카페 형태로 개척해서 나도 성도들처럼 일하고 벌어서 헌금하고 그 돈으로 남을 돕는 목회를 하고 싶었다. 목회자가 말씀에 집중하고 목회에 집중하지 못함을 안타깝게 여기는 분들도 더러 계셨지만 나는 오히려 성도들과 같은 자리에서 스스로가 선포한 하나님의 말씀을 적용하는 삶을 살 기회라 생각했다. 나는 이중직이 필수적인 것으로 생각하지 않는다. 시작은 카페로 하지만 성도가 많아지고 교회의 일들이 많아진다면, 교회의 성도 중 일자리가 필요하거나 카페의 일을 배우고 싶은 이들에게 배움과 삶을 이어 나갈 수 있는 자리로 카페가 이용되기를 바랐다. 교회의 예배나 모임을 주중에 계속 만드는 것이 좋아 보이지 않았다. 교회에 있는 시간이 길어지고 많은 것을 배운다고 해서 믿음이 좋아지고 삶이 변화된다고 생각되지 않았다. 굳이 주중에 몇 번의 모임을 위해 교회 공간을 비워두는 것보다 그 누구에게라도 삶에 도움이 되는 공간이 되길 바랐다.

교회를 시작하기에는 여전히 모호해 보이는 기준들이었지만 새로운 사람들과 함께 만들어 가겠다는 마음으로 그렇게 카페 교회 개척을 시작했다.

가정, 가장 가까운 교회


가정은 가장 가까운 교회다. 내가 우리 가정에 관해 이야기하는 것은 우리 교회의 시작이 가정으로부터 시작했기 때문이다. 가정의 교회는 아내와 결혼하고부터 이미 시작되었다. 아내와 나는 하나님이 이어주셨다. 각자의 자리에서 전혀 다른 삶을 살아가던 사람들이 각각의 기도 제목에 맞는 사람을 만났다. 내가 했던 배우자 기도에 거의 모든 부분이 일치한 사람이 아내였고, 아내가 기도했던 사람이 나였다. 그렇게 결혼 전 하나님께 기도한 모든 것이 100% 맞는 사람과 결혼했다. 하지만 결혼하고 나니 싱크로율이 80%로 떨어졌다. 기도한 부분들은 틀림이 없었지만, 모든 부분을 기도할 수는 없는 노릇이다. 새로운 모습을 발견해 가며 서로의 다름을 확인했다. 아이가 생기고 기르는 과정에서도 다름이 있었다. 격한 다름이 있었지만, 그보다 더 큰 하나님을 향한 같은 믿음이 있었다.

    결혼하고 초반에는 출퇴근할 때마다 아내가 깨지 않게 하루의 행복을 위해 기도하고 볼과 이마에 입을 맞추고 출근했다. 아이들이 태어나도 크게 다름이 없이 세 아이 모두 내 얼굴에 침 바르고 나도 침 바르고 안아주고 뒹굴고 사랑한다고 말하며 지냈다. 첫 아이는 결혼 후 2개월 정도 지났을 때 생겼다. 사실 우리는 최소 일 년 정도는 아이를 갖지 않기로 했었다. 그러나 하나님의 계획은 우리와 다르셨는지 결혼 두 달 만에 첫째가 우리에게 왔다. 첫째 이름을 '이룸'으로 지었다. '하나님의 뜻을 이루다.'라는 의미를 담았다. 둘째는 그 뒤로 3년 뒤에 준비해서 만날 수 있었다. 둘째 이름은 시엘로 지었다. 프랑스어로 하늘(Ciel)이라는 의미와 영어로 'see el' 하나님을 보라는 의미를 담아서 지었다. 셋째는 신학대학원에 입학하고 O.T 때 아내를 통해 알게 되었다. 셋째 이름은 봄이다. 봄에 태어나면 좋았겠지만, 11월에 태어난 셋째는 둘째와 마찬가지로 하나님을 보라는 의미를 담고 있다. 아이들을 위해 기도할 때마다 하나님께도 사람들에게도 사랑받는 아이들이 되게 해달라고 기도했고 그렇게 받은 사랑을 전하는 아이들이 되게 해달라고 기도했다. 감사하게도 우리 아이들은 어디를 데려가도 항상 사랑받는 아이들로 자라주었다.

  나는 아이들을 훈육할 때는 무서운 아빠다. 초등학교 저학년까지는 드물게 매도 들었다. 아이들이 부모님을 어려워할 줄 알아야 한다고 생각했다. 도심에 살고 있기도 했고 아이들이 밖에서 놀 때 스스로 절제하지 못하고 뛰어다니더라도 부모가 멈추라고 하면 멈출 수 있도록 가르쳤다. 부모가 없는 외부 세계를 살아갈 때 부모의 가르침이 기억에 남아야 한다. 거의 매 순간 함께하고 있지만 잠시 눈을 떼고 있을 때가 바로 아이 스스로 생각하고 행동해야 할 때라 할 수 있다. 타인을 존중하고 공공의 공간에서 타인을 배려하는 것은 사랑의 연장선이다. 결국, 타인을 배려함은 배려로 돌아오기 마련이기 때문이다. 가르침은 목적은 아이들의 행복을 위해서가 가장 중요한 일이었다. 훈육도 아이들의 안전과 행복을 위해 필요했다. 특히 스마트폰 사용하지 않도록 하려고 시간을 정해두고 스스로 절제할 수 있도록 했다. 예전에 아동부 아이가 엄마가 죽어버렸으면 좋겠다고 말한 것을 들은 적이 있다. 이유를 물었더니 휴대전화를 빼앗아 갔기 때문이란다. 그 아이가 초등학교 3학년이었다. 아이를 달래주기는 했지만, 충격적인 일이다. 우리 부부는 아이들이 아주 어릴 때부터 휴대전화를 자주 보여주지 않았다. 같이 놀거나 책을 읽도록 했다. 매일 한 권의 책과 일정량의 영어단어를 몇 개 외우도록 하는 게 우리 아이들의 루틴이었다. 또 한 가지는 아이들에게 약속의 중요성을 가르쳐주고 싶었다. 우리 부부는 아이들과 지킬 수 있는 것만 약속했다. 간혹 못 지키는 약속들이 있으면 아이가 잊어버려도 모르는 척 넘어가지 않고 사과했다. 이런 이유로 아이들이 거짓말을 하는 경우도 엄하게 혼냈다. 못 지킬 약속을 쉽게 하는 것은 거짓말과 다름이 없다. 약속은 신중하게 지킬 수 있는 것만 약속하고 지키지 못할 약속은 하지 않도록 가르쳤다. 그래서 아이들에게 약속을 강요한 적도 없다. 지키지 못할 것을 약속하게 하고 어기도록 만들지 않았다. 신뢰를 알려주고 싶었다. 그래서 나도 아이들과 몇 가지 약속을 했다. 첫 번째는 초등학교 4학년 여름 방학에는 아빠랑 둘이 캠핑하러 가는 것이 그중 하나다. 두 번째는 엄마랑 아이랑 둘이 기차여행을 가는 것. 세 번째는 중3 때가 되면 아빠랑 둘이 해외여행 가는 것이다. 또 한 가지는 갖고 싶은 것이 있으면 그 금액의 2/3를 용돈으로 모으면 나머지는 아빠가 보태서 사주기로 약속했다. 적은 용돈이지만 목표를 위해 절제하는 것과 스스로 돈 관리하는 방법도 알려주고 싶었다. 부모로서 스스로 약속을 지켜내는 모습을 통해 아이들에게 약속의 중요성을 알려주고 싶었다.

    나는 어릴 적에 집이 싫었다. 집에 가기 싫어서 놀이터에서 저녁 늦게까지 혼자 남아서 엄마가 오실 때까지 기다리거나, 동네 오락실에서 게임을 구경하며 시간을 보낸 적이 숱하게 많았다. 집에 가면 행복하지 않았다. 불안했고 두려웠다. 아버지에게 배운 것이나 따듯함, 혹은 인생의 가르침과 같은 기억은 없었다. 나이가 들어서 아버지를 이해하게 되고 나니 내가 기억하지 못할 뿐 좋은 추억들도 많이 만들어 주셨다는 것이 생각났다. 너무 힘들었던 기억들이 좋았던 기억들마저 덮어버렸다. 아버지는 우리 가족을 그렇게 괴롭히던 술, 담배를 칼같이 끊어내시고 지금도 성실하고 꾸준하게 살아나가고 계신다. 지금은 그런 아버지의 모습이 감사하고 존경스럽다. 하지만 어린 시절의 기억에는 좋았던 기억보다 힘들었던 기억이 너무 많았다. 나는 아이들에게 내가 받고 싶었던 것들을 해주고 싶었다. 놀아주는 아빠가 되어주고 싶어서 같이 게임도 하고 만화도 같이 보고 몸으로 뒹굴뒹굴 많이 놀아줬다. 선물도 많이 받고 싶었었다. 그래서 아이들에게 깜짝 선물을 자주 해주고 싶었다. 어린 시절 다들 그랬겠지만, 술을 마시든 말든 노랑 종이에 통닭을 사 오시는 아버지는 좋은 기억이었다. 나도 귀가할 때 치킨이나 피자를 사 들고 들어가면 아이들이 기뻐하는 모습이 참 좋았다. 우리 아이들이 나처럼 집이 싫은 곳이 되지 않길 바랐다. 가족과 집은 항상 쉼을 주고 행복한 곳으로 여겼으면 했다. 배우자와의 관계는 결혼하기 전부터 가지고 있던 나름의 성경적 견해가 있었다. 새롭게 결혼을 앞둔 이들에게도 항상 해주는 말이기도 한데 성경은 남편에게는 아내를 사랑하라 말하고 아내들은 남편에게 순종하고 존경하라고 말한다. 이 말은 아내들은 스스로 사랑받을 만한 사람이 되어야 하고 남편들 역시 스스로 존경받을 만한 사람이 되어야 한다는 것이다. 맹목적 사랑과 맹목적인 순종을 말하는 것이 아니다. 나는 아내에게는 존경받는 남편, 아이들에게도 존경받는 아빠가 되고 싶었다. 그렇게 기도하고 그런 남편, 아빠가 되고자 노력했다.

큰아이가 고등학생이 된 지금도 우리 가족의 모습은 크게 달라진 것이 없다. 요즘은 어릴 때처럼 같이 게임을 하거나 몸으로 놀아주는 경우들이 상대적으로 적어졌지만, 서로에게 사랑한다는 말은 여전히 어색하지 않고 내가 힘들어 보일 때면 아이들이 와서 안아주고 어깨도 주물러 준다. 아이들은 여전히 조건 없이 나를 사랑해 주는 존재들이다. 부모로서 그저 그 사랑에 화답할 뿐이다. 나는 아이들을 통해 하나님의 사랑을 깨닫는다. 아이들의 모습은 순수하지만 그만큼 직관적이고 본능적이다. 스스로를 절제하고 자신의 욕구를 참으며 부모의 말을 따르려는 모습이 대견하면서도 안쓰러울 때도 있다. 그러나 필요한 과정이기 때문에 때로는 혼내기도 하고 스스로 극복하기까지 기다릴 때도 있다. 하나님 앞에 우리의 모습들을 생각해보면 이런 아이들의 모습과 비슷한 모습이 많다. 우리는 하나님을 아버지라 부른다. 그 아버지의 마음을 내가 아버지가 되었을 때 조금이나마 더 깨닫게 되었다. 큰아이는 고등학교에 들어가서 입교했다. 아이들에게 종종 하나님이 계신 것을 믿는지 질문할 때가 있다. 아주 어릴 적에는 당연히 믿는다고 이야기하던 아이들이 조금씩 크고 나니 이제는 잘 모르겠다고 대답한다. 맞다 이게 솔직한 것이다. 믿음은 강요할 수 없다. 내가 그랬듯이 아이들에게도 때가 있으리라 생각했다. 성경을 가르치고 수련회에

🌱

보내고 기도를 한다고 해서 없던 믿음이 생기거나 자라나지 않는다. 우리는 믿음을 가르칠 수는 있어도 믿도록 할 수는 없다. 단지 우리의 삶을 통해 믿음의 삶을 보여주고 아이들이 하나님과 아름다운 교재가 시작되기를 기다리는 것이다.

개척교회다 보니 아이들에게 별도의 부서 활동도 없고 모든 성도가 하나의 예배를 드리고 그 안에서 각자의 방식으로 하나님을 만난다. 나는 아내와 하나님에 관한 이야기를 자주 나누기는 하지만 부부의 일상일 뿐 자녀의 신앙교육을 위한 것은 아니었다. 하나님이 우리 아이를 어떻게 만나주셨는지 그 과정이 궁금은 했지만 물어보진 않았다. 그저 아이에게 필요한 방식으로 하나님께서 만나 주셨으리라 믿을 뿐이다. 결혼하고 아내와 함께 예배드리기 시작한 때부터 우리는 이미 교회였다.

인터뷰

교회를 사임하고 두 번째 교회 탐방을 계획했다. 교회를 본격적으로 개척하기에 앞서서 교회를 개척한 목사님들의 이야기를 참고해서 개척할 때 시행착오도 줄이고 논문에 들어갈 실무사례도 기록하려는 목적으로 개척한 지 10년이 넘지 않은 교회의 목회자들을 대상으로 인터뷰를 계획했다. 논문을 위해서든 개척을 위해서든 꼭 필요한 일이라 생각했다. 선교적 교회라는 이름을 스스로 사용하거나 그렇게 불리는 스물세 곳 교회의 목사님들을 만나 짧게는 한 시간에서 길게는 거의 두 시간 가까이 인터뷰를 진행했다. 인터뷰를 진행하기 전에 사전 조사는 의도적으로

🌱

하지 않았다. 정제되고 정리된 내용을 미리 보고 인터뷰를 하면 선입견이 생길 것 같았다. 간혹 자신이 나온 기사나 영상을 보고 오길 권하기도 했지만, 그렇게 하지 않았다. 날 것의 인터뷰를 하고 싶었다. 글로 정리된 내용보다 현장에서 바로바로 나오는 솔직한 표현을 듣고 싶었다. 결론적으로는 아쉽게도 인터뷰했던 내용을 넣을 수 없었다.

인터뷰한 시점은 코로나가 본격적으로 확산하는 시점이었다. 몇몇 전문가를 빼고는 그 누구도 코로나바이러스가 이렇게까지 끈질기게 인류를 괴롭힐 줄은 몰랐다. 여타 다른 전염병들처럼 금세 지나가리라 생각했지만, 상황은 예상보다 오래 지속됐고 점점 악화되었다. 교회 역시 마찬가지였다. 비대면 예배는 수많은 교회를 준비할 틈 없이 영상 예배로 밀어붙였다. 이제는 찬양하는 사역자가 아니라 영상편집 잘하는 사역자가 한동안 대세였다. 부교역자들은 영상 녹화와 송출을 부랴부랴 배워야 했고, 교회의 설교는 급작스러운 변화에 적응해야 했다. 예배는 사람의 수를 제한했고 교회의 행사들과 중요하게 생각하던 절기나 예전들은 그 의미를 잃었다. 사람들은 꼭 해야 한다고 생각하던 일들이, 하지 않아도 큰 문제가 없다는 것을 알게 되었다. 교회 생태계의 이런 변화가 어느 정도

소강상태에 이를 때쯤 나도 이제는 글을 써야 할 때가 되었다 생각했다. 교회를 개척하고 코로나와 함께한 3년간 여유가 전혀 없는 삶을 살아온 것도 사실이었지만 코로나와 함께한 시기는 딱히 어떤 상황이라 정의할 수 없을 정도로 시시각각 급격하게 변했기 때문에 어떤 방향성으로도 정의하기도 어려웠다.

3년이라는 시간은 나에게도, 개척한 지 얼마 안 된 교회들에도 혹독한 시기였다. 이런 시기를 겪기 전에 진행된 인터뷰는 지금의 상황과 많은 변화가 있을 것 같았다. 그래서 먼저 인터뷰의 내용을 최대한 정확하게 녹취록으로 기록했다. 하나도 빠짐없이 받아쓰고 편집 없이 기록해서 목사님들께 보냈다. 지난 3년 동안 변한 부분이나 예전에 인터뷰한 내용 중에 추가하거나 빼고 싶은 부분이 있다면 보완하려는 의도였다. 아쉽게도 회신은 딱 한 분께만 왔다. 어떤 분은 거듭 넣지 않기를 원하시는 분도 계셨다. 몇몇 분들은 아예 회신이 없거나 연락이 닿지 않는 분들도 있었다. 목사님들과 나눈 교회의 이야기들을 함께 나누지 못하는 것이 내심 아쉬웠지만 글로 정리해서 나누려던 계획을 접어야 했다.

개척교회 목사님들과의 인터뷰가 끝나고 나서는 개척

을 위한 직접적인 준비를 해야 했다. 교회를 개척한다는 것은 새롭게 길을 내는 것을 의미했다. 남들이 간 길을 따라가는 것도 충분히 어려운 길이겠지만 아무도 가보지 않은 길을 가는 것은 더 많은 준비가 필요했다. 다양한 세대들을 향한 다양한 교회가 하나님이 이 시대에 세워나가시는 교회의 모습이라면, 내가 할 수 있는 나만 할 수 있는 교회를 준비해야 한다고 생각했다. 이제는 '하나님이 내가 어떤 교회 세우기를 원하실까'라는 고민에서 '내가 지속 가능한 교회의 형태가 무엇일까'를 고민했다. 카페를 운영할 공간과 예배를 드릴 공간을 찾을 때 고려한 부분은 교회가 우선이었다. 그렇게 인터뷰를 마무리하고 사람들을 많이 만날 수 있는 공간을 두고 기도하며 자리를 알아보기 시작했다.

## 개척 이야기

　나름 잘할 수 있을 것으로 생각했지만 인테리어 공사를 하는 것보다 장사를 잘하는 건 더 힘들었다. 하지만 시작이 있으면 끝이 있는 법! 시간은 점점 일에 능숙하게 만들었고 카페를 운영하는 일은 점점 익숙하게 해낼 수 있었다. 무슨 일이든 두려워하지 않으면 해낼 수 있기 마련이다.

평안으로


　장소를 알아보기 위해 거주지를 중심으로 부동산을 돌아볼 동선을 정하고 기도를 시작했다. 1층 통창, 위치는 주택가였으면 좋겠고 월세는 100만 원 전후로 기도했다. 지금 생각해보면 장사도 좀 잘 되는 곳으로 보내 달라고 할 걸 그랬다. 지금 자리는 장사하는 자리로는 꽝이다. 하핫. 근처 부동산을 방문한 첫날 첫 번째 부동산에서 조건에 맞는 매물을 찾아봤지만 소개해 준 매물은 월세가 감당할 수 있는 수준이 아니었고, 찾는 조건의 매물은 없을 거라는 말을 듣고 그냥 나올 수밖에 없었다. 처음 방문한 부동산에서부터 이미 현실의 벽을 느끼고 나와 주변 거리를 돌아보며 '아 이 많은 곳 중에 내가 갈 수 있는 곳이 한 군데도 없구나'라고 생각하며 멍하니 서 있었다.

이때 거짓말처럼 부동산 이름이 '평안'인 부동산이 보였다. 더 알아볼 의욕을 잃어버린 터라 그냥 다른 동네로 가야 하나 했지만, 혹시나 하는 생각에 그 부동산에 들어가서 조건을 말하고 혹시 매물이 있는지를 물어봤다. 역시나 주변에 그런 매물이 없다고 말씀하셨다. 그러나 이내 잠깐 기다려보라며 어딘가 연락을 해보시더니 혹시 다른 동네도 상관없냐고 하셨고, 그렇게 그분의 차를 타고 그 장소로 이동했다. 차 안에서 이런저런 얘기를 하다가 교회를 개척하기 위해 장소를 찾고 있다는 이야기도 하고 그분도 교회를 다니신다는 것도 알게 되었다. 그렇게 도착한 곳이 지금의 카페였고 처음이자 마지막이 되어버린 현장답사였다.

매물로 만난 그곳은 1층 통창, 위에 층은 모두 일반 거주, 정면은 아파트 정문. 또 하필이면 건물주 아주머님이 내려와 계셨다. 갑자기 부동산 사장님이 월세를 흥정하고 임대 시 필요한 조건들로 주인아주머니랑 조율하기 시작했다. 모든 일이 일사천리로 진행되기 시작했다. 그러나

🌱

나에겐 너무 당황스러운 상황이 아닐 수 없었다. 당연히 매물은 마음에 들었지만, 내 통장에 있는 돈은 200여만 원이 전 재산이었다. 사실 부동산을 다닌 것도 어떤 매물들이 어떤 지역들에 형성되어있나 보러 가기 위한 것이지 자금이 있어서 알아보러 간 것이 아니었다. 그러나 이미 계약만 안 했지, 화장실 수리를 비롯한 월세, 관리비 및 임대에 관한 모든 협의와 조율이 끝이나 있었다. 맙소사! 그렇게 어느덧 모든 게 정리되고 추가적인 설명을 듣기로 하고 소개해 주신 그 동네 부동산에 도착했다. 그때 장소를 소개해 주신 이미애 집사님의 결정타가 있었다.

*'목사님 저는 여기까지예요. 복비 받지 않을게요.*
*굳이 연락하시지 마세요'*

이 말을 끝으로 집사님은 정말 가 버리셨다. 사실 난 복비가 얼마인지 몰랐다. 집사님이 나가자, 매물을 연결해 주신 부동산 집사님이 말했다. '두 분 매우 가까우신 사이인가 봐요?' 하며 놀라셨다. 나중에 안 사실이지만 보증금의 10%를 복비로 낸다고 한다. 무려 100만 원이다. 집사님이 그렇게 나가버리시고 나니 안 한다고 할 수도 없고,

계약은 안 했지만 이미 계약은 한 것 같은 당황스러운 상황이었다. 그래도 상황이 상황인 만큼 그 동네 부동산 집 사님께 좀 더 기도 해보고 다시 연락을 드리겠다고 양해를 구했다. 일단 당장 현실적으로 돈이 전혀 없었다! 계약금이라도 있어야 하는데 아내도 나도 가진 것이 없었다. 일단 집으로 와서 아내와 상의하고 더 기도해 보자고 이야기했다. 그러나 다음날 부동산에서 추가로 연락이 왔다. 일이 진행될 때 빨리 진행하는 게 낫지 않겠냐는 말씀이었다. 그때 하나님의 뜻이려니 하고 있는 돈을 모두 털어 계약금을 지불하고 계약을 진행했다. 잔금을 치러야 하는 날이 다가왔지만, 나에게는 대책이 없었다. 아내는 장인어른 가게에서 낮에만 잠깐씩 경리 일을 하는 중이었는데 개척을 시작하고 아내도 일 년 정도 쉬기로 했었다. 그때 생각지도 못한 아내의 퇴직금이 있었다. 아내의 퇴직금으로 보증금과 인테리어 공사에 필요한 최소한의 재정을 감당할 수 있었다. 그뿐만 아니라 양가 부모님들의 재정적인 도움으로 카페의 시작을 준비할 수 있었다. 그렇게 통장을 탈탈 털어 200만 원으로 시작된 교회 개척은 하나님의 기가 막힌 계획으로 시작할 수 있었다.

개척하기 전에 사역하던 교회 앞에 에브라임 아지트라

는 이름의 카페가 있었다. 카페를 운영하시던 전대성 집사님은 수동 레버 머신으로 내려주시는 커피 맛도 좋았지만, 하나님을 향한 믿음도 좋은 분이셨다. 교회를 옮기면 항상 내 입에 맛있는 커피를 찾는 것이 소소한 즐거움이었던 나에게 에브라임 아지트는 비밀 맛집 같은 곳이었다. 카페로 개척을 준비하면서 자연스럽게 집사님께 커피에 대해 이것저것 물어보며 친해졌고 교회 개척이 결정되고 카페를 오픈하는 과정에도 친절하고 적극적으로 카페운영의 노하우를 기꺼이 가르쳐 주셨다. 집사님을 통해 커피 로스팅하는 방법과 메뉴들뿐 아닌 다양한 부분에서 도움을 받을 수 있었다. 특별히 감사한 일은 집사님이 어느 날 하나님이 전적으로 목사님을 도우라는 마음을 주셨다며 운영하시던 매장의 계약 기간이 남아있는데도 불구하고 순종하는 마음으로 본인이 쓰시던 커피머신을 헌물해 주셨다. 머신을 직접 카페로 옮겨주시고 본인은 저렴한 머신을 새로 구입해서 남은 계약 기간 동안 장사를 하실 정도로 완전히 순종하셨다. 이렇게 예비하신 하나님과 그런 하나님의 명령에 순종으로 화답한 집사님께 감사할 따름이었다. 온수기는 이광재 집사님의 도움을 받았다. 파주에서 카페를 운영하시던 집사님은 그 지역에서 사역할 때

가깝게 지내던 집사님이셨다. 좋은 커피가 들어오면 무료로 한 잔씩 주셨는데, 이때의 경험들이 지금의 커피에 대한 기준이 되었다. 로드 사이클을 좋아하셔서 함께 라이딩도 다니고, 비록 종주는 못 했지만, 300km의 여정을 함께 한 형제 같은 분이셨다. 카페로 개척한다고 말씀드렸더니 한번 카페로 오라고 하시더니 지인이 카페를 폐업하며 가져온 온수기가 있다며 깔끔히 청소가 된 온수기를 흔쾌히 내어주셨다. 고가의 장비들이 생각지도 못한 곳에서 채워졌다. 하나님의 확실한 인도 하심 속에서 나는 과연 교회를 개척하는 것이 나의 의지인지 아닌지를 고민할 틈도 없이 떠밀리듯이 그렇게 교회가 시작되었다.

## 인테리어

임대받은 장소는 원래 막걸리 도매점이었다. 창고로 쓰이고 있어서 내부에 아무것도 없었지만, 전면의 통창 유리들은 너무 낡아서 새로 교체해야 했다. 인테리어 공사는 꼭 필요한 부분들만 제외하고는 직접 시공했다. 직전 사역하던 교회의 곽승삼 집사님이 오셔서 측량과 자재를 주문해 주시고, 목수분들도 소개해 주셔서 수월하게 일할 수 있었다. 누가 오더라도 일당 번다는 마음으로 열심히 도와드렸다. 오시는 분마다 좋은 분들이 오셔서 모든 공사가 잘 진행될 수 있었다.

첫 공사는 철거였다. 전면 유리문들과 천장과 바닥 전

체를 철거했다. 낡은 배전반을 교체하고 전등을 위한 배선과 커피머신을 연결하기 위한 독립된 차단기를 설치하고 콘센트와 스위치를 설치했다. 전기시공은 하루 걸렸다. 짙은 회색으로 천장 및 벽면을 직접 페인팅하고 싱크대는 직접 주문해서 수도와 하수 배관 위치를 옮긴 곳에 맞춰 설치하고, 머신, 온수기, 제빙기와 정수필터 설치도 직접 했다. 처음 해보는 일이었지만 돈을 아끼고자 하는 생각에 열심히 알아보고 자재를 구입해서 직접 해나갔다.

커피 로스터를 설치하기 위해 송풍배관과 환풍기를 설치하고 자리를 잡은 뒤 방산시장에 이틀 동안 다니면서 로스팅 테이블을 제작하고 카페용 테이블과 의자들을 구매했다. 대략의 설치가 마무리된 후에는 포스기 회사를 통해 결제할 수 있도록 포스기를 연결하고 장사에 필요한 컵과 식기류 등을 IKEA에 가서 직접 구매해왔다. 무엇을 사야 하는지 어떤 모양으로 어떤 용량을 살지 모든 것이 선택의 연속이었고, 재정이 여유롭지 않았기 때문에 그 선택의 과정들이 너무 어렵고 힘들었다.

천장을 철거하면서 나온 목재들을 잘라서 벽을 장식했다. 수많은 모양의 나무들을 모아 모자이크처럼 벽에 붙였다. 다양한 모양을 가진 나무들이 빼곡하게 벽에 붙어

있는 모습이 꼭 교회 같았다. 다양한 사람들이 모여서 만들어내는 아름다운 교회. 그런 교회가 되고 싶었다.

바닥공사를 하려 했더니 비용이 100만 원이 넘길래 직접 바닥을 갈아내고 미장을 한 뒤 에폭시를 사 와서 직접 발랐다. 처음이라 얼룩덜룩했지만, 비용을 아낄 수 있었다. 카운터는 시멘트 블록을 사서 직접 실리콘으로 고정하고 원목을 주문해서 사포질과 바니쉬 칠을 세 번씩 반복하면서 다듬어서 올렸다. 이때 즈음해서는 내 손의 지문이 모두 닳아서 지문으로 핸드폰을 열 수 없었다. 공사 기간 내내 거의 매일 새벽에 일찍 나와서 어두워질 때까지 혼자서 일했다. 교회를 위해 주신 돈들을 쉽게 쓸 수가 없다는 생각으로 일에 지쳐 쉬다가 아직 전등도 달리지 않은 어두컴컴한 매장에서 너무 힘들어서 눈물이 날 때도 있었다. 그때 이런 기도를 했다. '하나님 너무 힘들어요. 제가 저 돈으로 사람들을 써서 일을 진행해도 될까요?' 기도하고 보니 하나님이 ' 더 고생하면 아낄 수 있는데 왜 돈을 쓰니 더 열심히 일해라' 하실 것 같지 않았다. 이미 힘든 건 다 해놓은 상태이긴 했지만, 나의 고집으로 스스로 사서 하는 고생을 하나님이 기뻐하지 않으신다는 너무도 당연한 사실을 현장에서야 비로소 깨달을 수 있었다.

어느 정도 정리가 되고 나서 메뉴를 선택하고 가격을 책정해야 하는 때가 왔다. 원래는 전대성 집사님의 조언대로 2천 원짜리 커피를 판매하려고 생각했지만, 주변 지역 상권의 가격에 맞춰서 가격을 정했다. 자칫 가격으로 주변 상권들이 균형을 잃지 않기를 바랬다. 주변 주민들에게 가격에 대한 고민 없이 커피에 대한 선택지를 주자는 생각이었다. 대성 집사님처럼 저렴한 가격으로 커피를 마실 수 있도록 하는 것도 어떤 의미에서는 좋을 수 있겠지만 함께 살아간다는 의미에서는 내가 더 많은 손님을 끌어오기 위해 매장들과 경쟁하기보다 상생이라는 의미로 가격을 정했다. 처음 마음은 이렇게 시작했지만, 생각보다 커피 수요가 거의 없는 상권이라 매출도 형편없었고, 나중에는 오히려 가격을 좀 더 올렸다. 걱정할 만큼의 경쟁하는 상황은 없었다. 역시 장사는 교회와 달랐다.

지속 가능한 세계는 창조의 섭리 중의 하나이다. 창조된 세계는 충분히 지속 가능한 구조로 되어있다. 온 세계의 식자재와 자원들은 전 인류가 먹기에 풍족하다. 그러나 필요 이상의 자원들을 지구에서 뽑아내고 잉여 생산된 것은 다시 지구에 무용한 독이 되어 땅과 하늘을 오염시킨다. 식량의 문제도 같아서 잉여 생산된 먹거리들은 자본

🌱

주의의 원리를 따라 음식이 필요한 사람들에게 주어지지 않고 땅에 버려진다. 하나님은 이미 충분하고 넘치도록 많은 것을 준비해 주셨지만, 지속 가능한 세계를 맡은 인간들은 지구를 망가뜨리고 있다.

적극적 환경운동가까지는 아니더라도 적어도 다음 세대들을 위한 노력이 필요하다고 생각했다. 일회용품을 사용하지 않기 위해 계속해서 노력했다. 그러나 친환경 용기의 가격은 만만치 않았고 그 또한 친환경적으로 처리할 시설조차 준비되어 있지 않은 상황에 할 수 있는 최선은 매장에서의 일회용품 사용을 최소화하는 것과 다회용 컵을 가져오면 할인해 주는 정도였다. 시기 좋게도 정부에서는 카페에서의 일회용품 사용을 규제했고 사람들에게 매장에 있을 때는 일회용 컵을 사용하지 않도록 권유할 수 있는 좋은 핑계가 되었다. 경쟁 없는 상생과 지속 가능한 세계를 위한 일회용품 사용 줄이기는 카페를 운영하면서 적용한 소소한 실천 중 하나였다.

주고 받음


장사는 돈을 버는 것이다. 돈을 받고 커피를 주는 것은 교환의 의미라 할 수 있다. 그러나 나는 장사를 하고 싶지는 않았다. 돈을 받음을 마음으로 받고 커피를 마음으로 주고 싶었다. 손님들의 이름을 기억하고 취향을 기억하려 애썼다. 이름을 알게 되면 이름으로 불러드렸다. 이름을 불러 주고 싶었다. 무명의 손님이 아니라 이름을 아는 관계가 되고 싶었다. 그러나 모두 내 맘과 같을 수 있겠는가? 누군가는 커피만을 원해서 찾아왔고, 누군가는 서로의 이름을 아는 관계들로 발전해 나갔다. 교회에서는 성도들에게 미리 연락하고 찾아가야 했지만, 카페에서는

🌱

사람들이 찾아왔고 친밀한 관계가 된 분들은 초대도 해주었다. 하지만 장사는 쉽지 않았다. 처음에는 커피를 볶는 일도 간혹 실수해서 원두를 버리는 경우들도 있었다. 커피 맛은 묘하게 계속 다른 것 같았다. 단체 손님들이 들어오면 당황해서 컵을 깨거나 음료를 엎어 버리기는 실수도 있었다. 새로운 메뉴들을 공부해서 추가도 하고 유행하는 메뉴들이 있으면 이것저것 시도해 보았지만, 매출은 쉽게 좋아지지 않았다. 당연한 말이지만 그저 커피를 좋아하는 것과 카페를 운영하는 것은 전혀 다른 문제였다. 나는 커피만 좋아하지 단맛이 나는 음료들은 선호하는 편이 아니었다. 그래서 새로운 메뉴를 만들면 달달 구리를 좋아하는 아내의 도움과 주변 상인들에게 음료를 나눠드리고 시음을 부탁해 가며 도움을 받았다. 나름 잘할 수 있을 것으로 생각했지만 인테리어 공사를 하는 것보다 장사를 잘하는 건 더 힘들었다. 하지만 시작이 있으면 끝이 있는 법! 시간은 점점 일에 능숙하게 만들었고 카페를 운영하는 일은 점점 익숙하게 해낼 수 있었다. 무슨 일이든 두려워하지 않으면 해낼 수 있기 마련이다.

처음 카페를 열 때부터 간단한 여권 사진이나 가족사진을 저렴한 가격으로 촬영해 주면 좋겠다는 생각에 배경지를 설치하고 사진 촬영을 했었다. 처음 중학교 입학 사진을 찍었던 아이가 고등학생이 되어 등교하는 모습을 볼 때는 내가 키운 것도 아닌데 뿌듯한 마음이 들었다. 코로나로 일본에 있는 남편과 떨어져 있다가 아이와 함께 일본으로 돌아가기 위해 여권 사진을 찍었던 모자를 촬영하면서는 일본에 있는 친구도 생각이 나고 가족들이 다시 만나 기뻐할 모습을 생각하며 찍어드렸다. 출산한 뒤 본국에 출생등록을 하기 위해 사진을 출력해 줬던 옆집 아기는 이젠 커서 걸어 다닌다. 아이 돌사진을 위해 출장 가서 촬영했던 아이들은 이제 초등학생들이 돼서 카페를 지나며 신나게 인사하고 동생이랑 와서 음료 하나 시켜놓고 공부도 하고 간다. 첫 결혼사진을 촬영해 드린 부부들도 가끔 찾아오고 입시 사진도 찍어주고 시험 응시를 위한 사진들도 촬영하고 합격을 응원해 줬다. 매번 즐거웠던 기억만 있었던 것은 아니었지만 그래도 주고받음의 즐거움이 있는 일이었다. 카페에 창고 공간이 부족해서 파티션을 세우면서 사진 촬영을 접었지만 촬영하며 담은 기억들은 또 다른 좋은 추억이었다. 사진은 대단히 큰 도움이 되지는 않지만, 위기의 순간에 재정을 채워주는 은혜의 통로였다.

    장사와 목회는 완전히 별개의 영역으로 구분했다. 시

작부터 카페와 교회를 완전히 분리했고 주일에는 예배를 드리지만, 주중에는 온전히 카페로만 운영했다. 전도를 위해 무엇을 붙여놓은 적도 없고 교회의 예배를 알리려는 노력도 코로나의 유행이 끝나기까지 의도적으로 하지 않았다. 재정을 위한 통장도 별도로 운영했다. 교회의 통장은 헌금의 입출금 외의 용도로만 사용하고 별도의 장부를 만들어서 관리했다. 교회와 카페는 공간을 공유하지만, 용도에 따라 구분했다. 굳이 정리하자면 교회가 주일에만 카페의 공간을 사용하는 것이다. 나는 사장이자 목회자로 하는 일의 차이는 있지만 동일한 사람이다. 기능적 차이는 있지만 같은 마음과 가치관으로 사람들을 만났다. 카페에서 나를 만난 사람들은 대부분 사장님이나 형님으로 불렀다. 내가 목사인 것을 알아도 그동안 만들어진 관계들이 변하지 않았다. 강원도에서 수제버거 만들게 생긴 사람이 무슨 목사냐는 말은 듣긴 하지만 나를 부르는 호칭과 상관없이 같은 모습으로 대했다. 나의 메인 캐릭터가 있다면 그건 평범한 그리스도인이다.

## 지속 가능을 위한 노력

그리스도인의 삶은 나와 마주 대하는 사람뿐 아니라 내가 만나지 못할 보이지 않는 이들을 향한 배려에도 익숙해져야 할 것 같았다. 보이는 것보다 보이지 않는 모습이 더 아름다운 사람이고 싶어졌다.

with 코로나


코로나는 카페로 개척한 나에게 지독하게 가혹했다. 사실 처음 시작할 때만 해도 길어야 6개월 혹은 3~4달이면 끝날 것으로 생각했다. 늦어도 일 년 정도만 고생하면 자리를 잡을 줄 알았다. 그러나 바이러스의 유행은 6개월을 넘겼고 카페 매출은 시작부터 어지간히 노력해도 좀처럼 올라올 생각을 안 했다. 매월 생활비를 주고 마이너스인 카페의 매출을 메꾸며 버틴 6개월이 지나자 대출받은 돈은 얼마 남아있지 않았다. 코로나로 인한 규제들은 점점 심해졌고 날씨는 추워졌으며 재정도 추워지기 시작했다. 아.. 이놈의 위드 코로나.. 난 얘랑 위드하고 싶지 않았다.

다른 카페들은 되는데 여기는 왜 안 되냐는 말들을 들으며 테이블당 인원수와 마스크를 두고 싸워야 했다. 시작부터 홍보를 제대로 못 했던 카페는 손님이 더 줄어들었다. 카페 의자들을 모두 뒤집고 매장에서는 장사를 아예 할 수 없던 때도 있었다. 대출받은 돈은 4개월을 못 버티고 사라졌고, 이제 생활비는커녕 카드 대금도 지불하지 못할 것 같았다. 재정이 두세 달을 넘기지 못할 것 같다는 생각이 오픈 4달 만에 현실로 찾아왔다. 교회는 지속 가능할지라도 카페는 지속 불가능한 상황이었다.

배달 라이더


결국, 동기 목사의 소개로 배달플랫폼에 가입해서 자전거로 배달을 시작했다. 처음에는 운동하는데 돈을 주니 참 좋다는 생각이 들었다. 자전거를 타고 서울 춘천 220Km를 왕복했던 나다. 이까짓 것 정도 못 하겠냐 싶었다. 그러나 카페의 재정은 어느덧 배달하지 않으면 다음 달을 감당할 수 없는 상황까지 왔다. 매일 저녁 6시면 카페 문을 닫고 배달하기 시작했다. 배달하지 않으면 카페 월세를 낼 수 없었다. 어느 순간 생활비도 줄 수 없는 상황이 찾아왔다. 춥고 힘들었다. 배달도 일이 없는 날이면 절망스러운 마음으로 집으로 왔다. 어느 날인가 매일 자전거를 타다 보니 매번 쉽게 오르던 언덕길이 버거워졌다. 체력의 한계에 부딪혀 더는 자전거로 배달을 할 수 없었다. 카페에 가만히 앉아 있는 것도 쉬운 일은 아니었다. 카페 초기에는 8시에 오픈했고 온종일 장사가 안되는 카페에서 귀한 손님 한 분이 언제 올지 모를까 긴장하며 화장실도 못 가고 음식 냄새가 날까 싶어서 카페에서는 식사도 안 했다. 그렇게 하루를 보내고 저녁에는 배달하려니 점점 몸이 버텨 내지 못했다. 이제는 자전거로 감당할 정도의 재정 상태도 체력도 감당이 되지 않았다. 결국, 한 번도 오토바이를 타본 적이 없었지만, 용기를 가지고 그나마 없는 돈을 긁어모아서 중고 오토바이를 60만 원에 구매했다. 역시 싼게 비지떡! 오토바이를 산 날. 오토바이를 등록하러 킥보드를 타고 가다가 넘어져서 심하게 다쳤다. 헬멧도 있었고 멋지게 낙법으로 떨어져서 몸에는 긁힌 상처 하나 없었지만 구청에가서 오토바이를 등록하고 집으로 왔더니 팔이 올라가지 않았다. 다음 날 내 팔이 보라색으로 물들어 있었다. 아! 예전 같지 않다. 늙었나 보다. 설상가상으로 그 다음 날 아침에 오토바이를 보니 분명히 어제는 시동이 잘 걸렸는데 시동이 안 걸렸다. 어떻게든 시동을 걸어 봤지만 자꾸 꺼졌다. 알고 보니 연식도 속았고 가져오면서 예열이

🌱

돼서 오토바이를 점검할 때는 시동이 잘 걸렸던 거였다. 없는 돈 끌어모아 산 거였는데 너무 억울했다. 판매자한테 연식 얘기를 했더니 자기도 몰랐다며 3만 원 깎아줬다. 선택지가 없었다. 그냥 그렇게 타고 다녔다. 너무 낡은 오토바이라 이후에도 계속 고장이 났고 정비소에 가져가도 고쳐주지 않았다. 도로를 달리다가 벨트가 끊어져서 끌고 가서 수리를 맡겼더니 센터에서 내부에 끊어진 벨트 잔해를 그대로 두고 교체했더라. 이것도 직접 정비를 하면서 알았다. 나쁜 사람들. 자꾸 고장이 나서 주변 센터들을 다 돌아다녔지만, 그냥 폐차하라며 고쳐주지 않았다. 그냥 팔아버릴 수는 없었다. 새 오토바이를 살 돈도 없었고 당장 배달을 그만둘 수도 없었다. 결국, 인터넷을 검색하며 정비에 대한 정보를 공부하고 오토바이를 직접 고쳤다. 센터를 통해 부품대리점 연락처를 알아내고 인터넷 검색을 해서 정비용메뉴얼을 구했다.

어차피 장사도 안되는 카페에 멍하니 앉아 있느니 뭐라고 하는 게 마음은 편했다. 카페 문을 열고 낮에는 오토바이 분해해서 수리하고 저녁에는 다시 조립해서 배달하러 다녔다. 수리하느라 고생은 했지만, 자전거를 타며 배달하던 때보다 오토바이로 하는 배달이 몸은 덜 힘들었다.

덕분에 오토바이 정비 실력과 자전거로 배달하던 때보다 조금 나은 정도의 배달비를 벌 수 있었지만, 매번 시동이 꺼지거나 계속되는 고장들을 수리하며 몇 달을 고생하며 탔다. 연말에 나라에서 주는 소상공인 긴급 지원 자금과 받을 것으로 생각하지 않았던 돈을 돌려받게 되면서 오토바이를 구매할 여력이 생겼다. 지금의 상황들이 장기적으로 이어질 것으로 판단하고 새로운 오토바이를 구매하게 되었다. 그렇게 한동안은 배달로 카페를 유지할 수 있었다. 카페의 매출보다 배달로 번 돈이 더 많은 달도 있었다. 배달이 돈이 되었다기보다 카페 매출이 그만큼 처참했다. 그렇게 가게 월세를 내고 대출 원리금과 카드값을 감당했다. 하지만 생활비는 거의 줄 수 없었다.

주변에서는 카페를 정리하는 게 맞을 수도 있다고 잘 생각해보라고 말하는 사람도 있었지만, 이곳은 카페이기 이전에 교회였다. 나의 노력은 교회를 지키기 위한 노력이지, 카페를 위한 노력은 아니었다. 장사가 안되면 접는 게 맞는 일이다. 하지만 교회는 포기할 수는 없었다. 카페가 망해도 예배는 이어지겠지만 분명히 이 자리로 보내신 하나님의 계획이 이렇게 그만두라는 의미는 아니라는 확신이 있었다. 하지만 나에게는 지켜야 할 가정도 있었다.

🌱

카페를 마치고 매일 매일 내일을 위해 눈과 비를 맞으며 배달 일을 했다. 추운 날은 차가운 바람에 눈물을 줄줄 흘리며 배달했다. 집에 들어오면 따듯한 물로 씻고 이불 안에 들어가도 몸이 덜덜 떨렸다. 음식을 가지러 식당에 가서 음식이 언제 나오는지 물어보면 주인들이 화를 낼 때도 있다. 어떤 분들은 음료를 나눠주며 따듯한 말을 건네는 분들도 있지만, 음식을 배달하러 온 사람을 홀대하는 경우가 더 많았다. 강추위가 매서운 겨울에는 매장 안에 손님도 안 보이는데 손님들이 불편해한다고 매장 밖에서 기다리게 했었다. 영하 10도가 넘는 추위였다. 눈앞에 있는 음식을 집어 주면 되는데 손님이 불편해한다며 마치 어린아이들을 가르치듯이 굳이 다시 나가서 다른 입구로 들어와서 가져가도록 했다. 오토바이와 헬멧을 쓰고 가면 포장 주문을 하고 음식을 찾으러 가도 비슷한 대우를 받았다. 음식을 가지러 온 라이더가 아닌 것을 알고 나면 민망한 웃음과 함께 손님으로 대해줬다. 추위에 떨며 오토바이를 달리고 못 견디게 힘들 때면 도로 위에서 소리를 질렀다. 찬양보다 서편제에 나온 살다 보면 살아진다는 노래가 더 위로되었다. 어떤 날은 음식을 전해주고 다른 배달을 하고 있었는데 음식이 없다며 다시 가져다 달라고 매장에 연락이 왔다고 배달플랫폼에서 연락이 왔다. 다시 찾아가 봤다. 분명 배달한 지 얼마 지나지도 않았고 새로운 치킨을 추가로 배달받은 지 10분도 안 됐으니, 안에 사람이 분명히 있을 텐데 정말 음식을 못 받았는지 확인하려고 벨을 눌렀는데 반응이 없다. 분명히 집 안에 있을 텐데! 새로 받은 치킨 도착한 지가 얼마 안 됐는데! 내가 하나 가져다주고 다른 라이더가 추가로 가져다준 치킨도 받았으니 치킨 두 마리 먹으려면 분명 사람이 있을 텐데! 벨을 눌러도 반응도 없다! 혹시나 했던 마음이 확신으로 바뀌었다! 생돈 물어준 게 억울해서 경찰에 신고하고 싶었지만, 눈물을 삼키고 치킨 한 마리 사서 집으로 갔다. 내가 나쁜 놈 치킨 한 마리 사준 게 억울해서 아이들도 치킨 한 마리 사주고 싶었다. 사실 좀 많이 울었다! 내 새끼들 치킨 한 마리 사주기도 쉽지 않은 시기였다. 너무 억울했다. 이 이야기를 SNS에 올렸더니 지인들이 돌아가며 치킨 쿠폰을 보내줘서 한동안 치킨은 배부르게 먹었다. 하핫!

 라이더들은 손님들에게도 식당 사장님들에게서도 천대받는 직업이다. 살면서 많은 일을 해봤지만 배달 라이더들을 대하는 사람들의 시선과 태도는 땅바닥 인생을 대하는 것 같았다. 물론 모든 사람이 그런 것은 아니겠지만 지금도 가장 하기 싫은 일은 라이더 일이다. 몇몇 일들이 트라우마가 되었는지 오토바이에 앉아서 배달용 앱만 켜면 되는 간단한 일이 매우 어려워졌다. 목회자나 카페 사장으로 있을 때는 사람들이 존중해 주지만 매장문을 닫고 거리로 나서면 그 대우가 180도 바뀌었다. 사람은 같은 사람인데 직업에 따라 다르게 대하는 이유가 무엇인지 모르는 바는 아니지만, 이유 없는 높임이 부담스러웠던 교회 안 목회자의 삶에서 카페 사장 그리고 이유 없는 낮춤이 있는 배달 라이더의 삶의 온도 차이는 극명했다. 한편으로 배달 라이더들의 삶을 엿볼 수 있었다. 어떤 라이더는 불법과 신호 위반을 하고 편법으로 배달을 하는 사람들도 있지만, 누구보다 성실하게 가정의 가장으로 혹은 나처럼 매장을 운영하면서 힘들어져서 일하는 분들도 많았다. 석사도 있고 박사도 있고 다양한 사람들이 배달 라이더로 일을 하고 있었다. 헬멧과 오토바이를 타고 있다는 것이 그 사람의 가치를 결정하는 것은 아니다. 하나님은 외모를 보지 않지만, 현실은 헬멧과 오토바이면 인식이 좋지 않았다. 필요에 의해 강요되던 라이더의 삶은 한동안 계속되었고 지금도 매일은 아니더라도 필요할 때마다 일을 할 수밖에 없다. 한편으론 배달하는 일이 누군가에게는 너무 잘 맞는 즐거운 일이 될 수도 있을 것이다. 카페에서 만난 손님은 배달의 달인이셨다. 어떻게 하면 빨리 여러 개의 배달할 수 있는지를 자랑하시고 매출을 얼마나 많이 올리는지를 즐겁게 말씀해주신 분도 계셨다. 역시 하나님은 사람들을 다양하게 만드셨고 각자 각자 각각 맞는 일이 있는 듯싶다. 하지만 나에게 배달은 지금도 여전히 하고 싶지 않은 일이다.

봄꽃가게


 오토바이를 새로 구매하고 자가정비를 위한 정보를 얻기 위해 오토바이 동호회 카페에 가입했다. 정비비용을 아끼기 위해서 자가 수리는 필수였고 오토바이 카페에는 자가정비 장인들이 많았다.
 오토바이 카페를 통해 만난 사람들이 놀러 오기 시작했다. 돈 받고 수리해 줄 실력은 아니었지만 내가 가능한 선에서 동호회 사람들의 바이크를 소소하게 정비해주었다. 많은 사람이 오고 갔지만 몇몇 사람들은 깊은 인연으로 이어졌다. 도움을 받은 사람들이 자기가 가지고 있는 장비나, 교체하고 난 부품들을 주고 가면 그 부품을 카페를 찾아온 이들에게 아낌없이 나눠줬다. 어차피 내 것도 아니지 않은가? 친해진 동호회 사람들과 이야기하다 보니 같은 기종의 바이크를 타며 공감하는 불편함이 있었다. 이런저런 의견들을 듣다가 한번 만들어보자 하는 생각에 시작한 일이 시제품을 제작해서 통신판매까지 이어졌다.

스마트 스토어를 준비하려니 캐릭터가 필요했다. 당시 수염을 기르고 있었던 터라 매번 쓰던 와치캡과 수염을 특징으로 캐릭터를 만들어서 SNS에 올렸다. 얼마 뒤 생각지도 못한 대학 친구 미나가 캐릭터 디자인을 보내왔다. 내 캐릭터가 너무 어설퍼 보였는지 이쁜 캐릭터를 만들어서 보내주었다. 그렇게 이 친구와의 인연이 다시 시작됐다.

카페 장사도 어려웠지만, 학교 밖 청소년들을 돕고자 하는 마음으로 새로운 사업을 추가로 시작했다. 디자이너분들은 각자의 제품에 따른 인센티브를 가져가고 나는 제품 업로딩과 유통 그리고 제작비용을 냈다. 그렇게 납작 복숭아 캐릭터 판타오를 그린 내 친구 미나와 연한일상 연한 선생님, 김카 용정 선생님이 함께 디자인 스튜디오 15boon을 만들고 함께 스티커 사업을 시작하게 되었다. 덕분에 개뿔도 없는데 대표님 소리를 들을 수 있었다.

제작한 오토바이 용품과 선생님들이 디자인한 스티커

를 판매했다. 카페에 자리를 만들고 매대를 제작해서 온라인으로 판매하는 스티커와 함께 주변 상인분들의 물건들을 진열하고 판매해드렸다. 시계 도매하시는 사장님의 시계도 가져다 두고, 가방제작 하시는 사장님네 가방도 올려두고 손님들을 이어드리고 물건을 판매해드렸다. 상생의 의미였다. 결과적으로는 선생님들은 수고만 하시고 다른 사장님들 물건도 제대로 된 수익을 내드리지 못했다. 청소년들을 돕겠다는 목표도 한 발짝도 나아갈 수 없었다. 돈과 수고만 들어갔다. 그래도 괜찮았다. 나에게는 경험이 남지 않았는가! 앞으로 잘해나가면 될 것이다! 비록 지금은 새로운 장소를 위해 카페를 휴업하고 스마트 스토어도 같이 문을 닫았지만 내 인생에는 여전히 실패는 없다. 하나님이 함께하신 내 인생의 모든 때가 가치가 있고 모든 과정이 지금의 나를 만들어 가고 있었다. 하나님은 과연 광야와 같은 때를 지나 어디로 인도하시는 걸까.

사무실 청소

 청년시절 교회 주방을 사용하거나 다른 부실을 사용하게 될 때면 가장 중요하게 생각하는 것이 마치 '아무 일도 없었던 것처럼'이었다. 빌린 공간 혹은 내가 지나온 뒤에 올 사람들을 배려하는 것은 당연한 일이다. 공공의 공간을 사용하는 기본적인 마음이라 생각했다.
 우리는 수많은 배려 속에 일상을 살아내고 있다. 꼭 얼굴을 마주 보고 말을 해야 존중과 배려가 드러나는 것은 아니다. 남겨진 흔적들이나 작은 몸동작을 통해서도 사람들의 마음을 읽을 수 있다. 의도대로 혹은 의도와 다르게 인식되는 것도 또한 어쩔 수 없는 일이지만 충분한 배려를 통해 메시지를 전달할 수 있다는 것도 분명한 사실이다.

　카페를 운영하면서 사진과 배달일, 스마트 스토어 외에 추가로 시작한 일은 사무실 청소였다. 신대원 동기의 소개로 처음으로 사무실 청소를 시작했다. 처음에는 막막했지만, 청소 별거 있나. 다른 사람이 하면 나도 할 수 있다고 생각했다. 또 다른 동기에게 사무실을 하나 더 소개받아서 지금은 매주 두 곳 사무실을 청소하고 있다. 그나마 가장 안정적인 수입원이기도 하고 굳이 얼굴을 마주하지 않아도 되는 일이라 마음은 편하지만 의외의 지점에서 감정이 상했다. 보이지 않는 존중과 배려가 청소를 통해 보였다. 연락을 보내도 읽고 대답하지 않은 경우들도 있고, 마치 가정부나 아랫사람 부리듯이 부족한 부분을 지적하는 경우도 있었다. 때로는 도무지 문제를 찾을 수 없는데 트집을 잡듯이 문제를 제기하는 경우도 종종 있었다. 어떤 곳은 마음을 다해 더 열심히 청소해 주고 싶고, 또 다른 곳은 그저 지적당하지 않을 정도만 해주고 싶었다. 대부분은 어느 정도 시간이 지나고 나면 서로에게 익숙해지기 마련이라 곧 해결될 문제지만 간혹 청소하러 갔을 때, 마치 어차피 치울 것으로 생각하고 막 던져놓은 것을 보면 기분이 상하고 반대로 잘 정리해놓았을 때는 기분 좋게 일을 시작할 수 있었다. 시간이 지나고 익숙해지고 나니 그러거나 말거나 익숙한 일이 되어버렸지만 직접 얼굴을 마주하지 않아도 전할 수 있는 흔적의 영향력을 깨닫게 되는 시간이었다.

우리의 삶은 어떨까? 사랑의 실천과 나눔이라는 것이 과연 당장 얼굴을 마주하는 상황에서만 필요한 것일까? 나는 이 일을 하면서 남겨진 흔적으로 보여 줄 수 있는 다양한 감사를 고민하게 되었다. 식당에 가서 식사하면 음식을 남김없이 깨끗하게 먹고 정리 정돈을 하고 나온다. 음식을 만든 사람이나 준비해 주시는 분들의 수고를 덜고 잘 먹고 갔다는 표현이다. 당연히 나오면서 잘 먹고 간다는 말은 덤이다. 사랑의 실천이라는 것은 단순하게 어떤 한 부분에서만 작용하는 것이 아니라 우리의 삶의 모든 순간이 남기는 흔적들이어야 한다. 청소는 돈을 벌기 위해 하는 일은 맞지만, 남겨진 배려의 흔적으로 출근해서 기분 좋을 사람들을 생각하며 청소한다. 그리스도인의 삶은 나와 마주 대하는 사람뿐 아니라 내가 만나지 못할 보이지 않는 이들을 향한 배려에도 익숙해져야 할 것 같았다. 보이는 것보다 보이지 않는 모습이 더 아름다운 사람이고 싶어졌다.

동네 아저씨

나는 손재주가 좋은 편이다. 앞서 말했지만, 자동차 정비 아르바이트도 했었고, 오토바이도 직접 정비하고 인테리어도 직접 했다. 우리 가족은 반지하 빌라에서 17년째 살고 있다. 반지하는 매번 물이 터진다. 누수 수리를 하러 온 사장님이 타일 두 개를 깨고서 배관을 믹스앤픽스로 메꾸고 100만 원을 받아 가셨다. 그 뒤에도 계속 물이 조금씩 새서 바닥이 흥건했다. 사람을 부르는 게 너무 돈이 아까워서 수리하던 아저씨가 일하실 때 어깨너머로 본 실력으로 직접 바닥을 깨고 전체 배관을 교체해 버렸다. 집이 오래되니 정화조 배관에 나무뿌리가 깨고 들어와서 자주 막혔다. 부를 때마다 10만 원씩 들어갔다. 배관 청소기를 사서 직접 뚫기 시작했다. 그렇다, 나는 눈썰미가 있고 손재주가 좋은 편이다. 결혼 후에는 장인, 장모님은 나를 박가이버라고 부르셨다. 뭔가 고장 나면 나를 부르신다. 부모님 집에 수도가 고장 났길래 교체해드렸다. 의자 천이 낡아서 비닐을 씌워 두셨길래 가죽으로 교체하고 새 의자처럼 만들어 드렸다. 교회 사역을 할 때도 어느 교회에 가도 고치고 수리하는 일을 시키지도 않았는데 잘도 했었다. 카페를 정리할 때가 되면서 뭔가 새롭게 할 일을 찾아야 했다. 배달은 너무너무 하기 싫어서 새로운 자리를 잡기 전까지는 사업자를 내고 설비 일을 해보자 싶었다. 나중에는 배관 자격증을 따서 보일러 시공도 배우고 싶었다. 힘든 일이겠지만 나중에 우리 교회 식구들의 삶도 돌봐줄 수 있을 것 같았다. 유무상통의 삶. 내가 할 수 있는 것은 내어주고 서로를 돌보는 삶을 살아가는데 지금 하는 일이 도움이 될 것 같았다. 힘들고 어려운 사람들의 삶의 문제들을 직접 고쳐줄 수도 있을 것 같았다. 그렇게 동네 아저씨가 탄생했다. 나에게 재미가 있어서 하냐고 물어본다면 재미는 없다. 잘할 뿐이다. 잘하는 게 재미있는 일은 아니다. 사람들이 문제가 해결되고 나서 즐거워하는 그 모습이 좋다. 어떤 일은 하고 나면 돈을 더 받고 싶은 일도 있지만 어떤 일들은 돈이 안 돼도 끝까지 해주고 싶은 일들이 있다. 말 그대로 동네 아저씨처럼 편하게 찾고 편하게 찾아갈 수 있는 그런 사람이 되고 싶었다. 목회도 그렇게 하고 싶었다. 도움이 필요하면 편하게 연락하고 편하게 찾을 수 있는 목사가 되고 싶었다. 일방적으로 주기보다 주고받음이 자연스러운 관계가 만들어졌으면 좋겠다. 그냥 편한 동네 아저씨 같은 목사가 되고 싶다.

봄꽃교회

인연들


 나의 지속 가능한 삶을 위한 노력과는 별개로 교회는 오롯이 교회로 존재했다. 교회는 어디든 갈 수 있고 어디에서든 예배드릴 수 있는 자유로운 모습으로 있었다. 그렇게 교회는 고정된 적이 없으니 흔들린 적도 없었다.
 개교회의 목사일 때는 사람들이 나를 부담스러워하는 것을 체감할 수 있었지만, 카페의 사장일 때는 사람들이 먼저 찾아오고 자기 집으로 초대했다. 이렇게 맺어진 관계들 속에는 종교도 정치도 사상도 없었다. 그저 맛있는 커피와 삶을 나누는 이웃이었다. 지난 4년 동안 많은 이들이 지나갔다. 반갑게 맞이하던 손님들이 이사하거나 결혼

해서 떠나기도 했다. 어린아이들이 초등학교에 들어갔고 대학생이 청년이 되어버렸다. 우리 아이도 초등학생에서 고등학생이 되었다. 카페의 자리를 지키는 동안 세월은 흘렀다. 카페 문을 닫는 마지막까지도 여전히 새로운 사람이 나타났고 또 누군가는 말없이 누군가는 작별인사와 함께 떠나갔다. 돈은 못 벌었지만, 사람들을 많이 만났다. 그가 나를 기억하고 내가 그를 기억할 때 그 관계는 특별해진다. 카페를 통해 만난 모든 손님이 그렇게 특별했지만, 특히나 더 특별했던 사람들이 있었다.

장신 님은 환갑이 넘은 어르신이셨다. 처음 이곳으로 이사를 오셨을 때부터 거의 매일 같이 카페를 방문하셨다. 언제나 오시는 시간, 앉으시는 자리, 시키시는 메뉴가 있었다. 시원한 페퍼민트 차와 따뜻한 아메리카노, 그리고 아내를 위한 아이스 바닐라라테 포장. 가끔은 자전거를 타고 판교까지 출퇴근하실 정도로 건강하셨고, 알아가면 알아갈수록 주변 사람들에게 존경받는 어른이신 것을 알 수 있었다. 당시 나는 슈퍼커브를 타고 있었는데 신 님도 '슈퍼커브'와 '몽키125'라는 바이크를 운행하고 계셨다.

같은 기종의 바이크를 타다 보니 이런저런 정보도 공유하고 정비도 같이하면서 거의 매일 친구처럼 가족처럼 그렇게 만났다. 내가 목사인 것을 알고 나서도 달라진 것은 없었다. 항상 박 사장은 잘될 거라고 지금도 열심히 하고 있으니 다 잘될 거라고 말씀해주셨다. 명절 때는 마트에서 고기를 사서 아이들과 먹으라고 챙겨 주셨다. 아내에겐 비밀이라며 상품권을 쥐여 주시고 몸이 건강해야 하니 가족들에게 쓰지 말고 꼭 자신을 위해 쓰라며 주실 때도 있었다. 가톨릭 신자셨던 신 님은 주중에 한 번씩 본인보다 더 연세가 있으신 분들을 섬기셨다. 그런 날은 미리 연락을 주시거나 오전이나 전날 오셔서 다음 날 커피까지 사 가셨었다. 그렇게 일 년이 넘는 기간 동안 날마다 만났다. 그러던 어느 날인가 아무 연락이 없이 안 오셨다. 처음에는 뭐 손님이 하루 안 오실 수도 있지 하는 생각에 하루를 보냈다. 그러나 곰곰이 생각해보니 정말 놀랍게도 단 하루도 그렇게 연락 없이 오지 않으셨던 적이 없으셨다. 메시지로 연락드리면 바로바로 확인하고 연락도 주셨고, 미리 연락하지 못해서 미안하다 하실 정도로 매일의 방문은 일상과도 같았던 분이다. 그러나 그날은 메시지를 남겨도 읽음 표시가 없어지지 않았다. 그때부터 불안한 마음이 들었다.

그다음 날도 오지 않으셨다. 그렇게 3일째 되던 날 신 님 전화로 전화가 걸려 와서 반가운 마음 반, 불안한 마음 반. 그렇게 전화를 받았다. 사모님이셨다. 전화를 받자마자 알 수 있었다. 먼 곳으로 가셨구나. 사모님 말로는 장례를 치른 뒤에 나한테는 꼭 연락드려야 할 것 같았다고 연락을 주셨다. 남편이 참 많이 좋아했었다고 매번 카페를 다녀오면 내 이야기를 하시며 즐거워하셨다고 한다. 전화를 끊고 정말 많이 울었다. 이후로 몇 주 동안은 감정이 주체가 되지 않아서 장사를 하기 어려웠다. 굳이 내색하지 않았지만, 매번 찾아오셔서 커피와 허브티를 시원하게 마시며 최고라고 말씀하셨던 신 님이 생각났다. 앉으셨던 자리가 시키시던 메뉴가 슬프게 만들었다. 카페를 통해 온 사람들을 위로하고 때로는 상담도 해주고 기도를 해줄 때도 있었지만, 신 님은 나를 위로해 주시는 손님이셨다. 장신 어르신 보고 싶습니다.

교회를 개척하기 전에 우리 집 건너편에는 데미타세라는 카페가 있었다. 커피를 좋아해서인지 사장님과 이런 저런 이야기를 나누다보니 사모님은 찬양 사역하시는 전도사님이셨고, 사장님도 교회를 열심히 다니시는 것 같았다.

🌱

카페를 열고 얼마 지나지 않아서 코로나가 휘몰아칠 때 이 카페도 몹시 어려워졌다. 어느 날인가 집에 들어가는데 하나님이 건너편 카페에 가보라는 마음을 주셨다. 그렇게 짐만 던져두고 카페로 넘어갔다. 집사님의 표정이 심상치 않았다. 하나님이 보내신 이유가 분명히 있었다. 그날 우리는 깊은 교제를 나눌 수 있었다. 그 후로 권오훈 집사님과 심진주 전도사님 부부와 긴 인연이 이어졌다. 집사님네 카페를 정리하고 함께 배달도 다녔다. 카페에 삼계탕을 고아서 가지고 오신 적도 있었다. 서로의 집을 알고 있으니, 문고리에 음식도 걸어두고 오가면 많은 정을 나눴다. 남들에게 쉽게 말할 수 없는 고민을 서로 나누며, 그렇게 힘든 시기들을 서로 의지하며 지내왔다. 섬기는 교회는 다르지만 지금도 여전히 성도의 교제를 나누는 관계로 지내고 있다.

좋은 이웃, 친절한 유경 씨는 카페의 시작부터 함께 하셨다. 거의 매일 커피를 사러 오시고 친해졌다. 때로는 맛있는 음식이나 과일을 가져다주실 때도 있었고 인스타도 팔로우하며 가깝게 지내는 언제나 좋은 이웃이셨다. 코로나 시기에도 언제나 매장을 염려해 주시고 주변 사람들에게 카페를 소개해 주셨다. 코로나에 걸려서 카페에서 홀로 격리하고 있을 때는 배달 상품권도 보내주시며 회복을 응원해 주셨다. 시작부터 마지막까지 많은 시간을 함께해 준 정말 좋은 이웃이었다. 눈에 보이지 않는 따듯함 뿐 아니라 겉으로 드러나는 수많은 표현까지 말이 아닌 삶으로 함께한 좋은 이웃, 송유경 씨. 고마워요.

까만 카플란 모자를 쓰고 올블랙 착장으로 나타났던 지수 씨는 손 내림 커피를 즐겨 마셨다. 처음에는 연예인인가 싶었다. 마스크를 쓰고 있어서 잘 모르지만, 패션이 심상치 않았다. 그러나 나는 유~우명 연예인들을 촬영할 때도 사인을 요구한 적이 없는 매너남이 아닌가. 굳이 쳐다보지 않고 모르는 척 커피를 건네줬다. 조금씩 친해지며 알게 된 지수 씨는 전직 춤꾼이자 꿈을 향해 나아가는 멋진 청년이었다. 그녀의 바람처럼 원하는 곳에 취업하고 아름답고 멋진 삶을 살아내기를 응원했고 멋지게 그 꿈을 이루고 멋진 삶을 살아가는 청년이다. 배달하느라 카페 문을 늦게 열고 빨리 닫아 자주 만나지 못했지만, 항상 응원해줘서 고마워요!

라테 요정 현주 씨는 거의 매일 따듯한 라테를 마셨다.

🌱

얼죽아라는 말이 있지만, 현주 씨는 더죽라(더워 죽어도 라테)다. 외국에서 오랫동안 일을 하다 한국에 들어온 현주 씨는 성실한 처자로 매일 운동을 하러 오가면서 라테를 사 간다. 가끔은 매장에서 커피를 마시며 소소한 이야기도 나누고 밥도 먹고 내가 감기에 걸려 목이 아플 때는 자기가 먹고 좋았던 약을 약국에서 사다주고 빨리 낫기를 응원해 주는 손님이었고 카페에 재료가 떨어지면 기꺼이 사다 주기도 하는 요정 같은 처자였다. 우리 인생이 항상 달달할 수 없지만, 어느 드라마의 대사처럼 나는 라테요정 현주씨의 삶이 좀 더 달달해지길 바란다. 라테 요정 파이팅!

한규 씨는 코로나 시절 여행업종에 찬 바람이 불며 찾아온 휴직 기간에 카페에서 이직을 준비하면서 친해졌다. 깍듯하고 예의 바른 손님이셨다. 한규 씨네 이쁜 딸내미 수안이는 처음 우리 카페에 와서 딸기 라테를 맛보고는 눈이 동그래져서 원샷을 때리던 꼬맹이였다. 라테는 좋아하는데 나는 무서웠는지 한동안은 인사를 잘 하지 않더니 자라면서 이쁘게 인사하는 숙녀님이 되셨다. 한규 씨와 다나 씨 부부는 항상 예의 바르고 반듯한 모습으로 나를 대해주셨다. 고향에 가셨을 때는 우리 아이들을 주라며 지역특산물도 사다 주시고, 코로나로 격리 중일 때는 과일과 단백질 셰이크도 걸어두고 가셨다. 우리 수안이는 얼마나 이쁘게 크려나. 초등학교 입학하는 모습을 보지 못한 게 아쉽고만.

정건 선생님은 스스로 말하기를 카페 지박령이라 말하는 츤데레 물리치료사다. 카페 근처에 있는 병원에 근무하고 계시는데 매일 점심마다 와서 커피를 평균 2잔 이상 드셨다. 우리 커피가 가장 맛있다며 거의 모든 메뉴를 돌아가며 주문해서 드시고 매출을 올려주시려고 병원 분들을 몰고 와서 자신이 계산해 버린다. 몸이 아플 때면 운동법도 알려주셨다. 카페 홍보에 물심양면으로 엄청난 지분을 가진 정건 선생님은 정이 많고 섬세한 청년이었다. 마지막 카페를 정리하는 그 순간까지도 함께 했던 정건 선생님! 새로 오픈하면 또 놀러와요!

가락시장에서 양파 도매를 하는 양파맨 광민 씨는 나를 형님이라 불렀다. 팔뚝에 양파와 당근 문신을 하고 자전거를 타고 와서 가게 앞에 터프하게 던져두더니 커피를 주문했다. 이 친구 진짜 유쾌한 친구다. 거침없이 형님 형님

🌱

하며 손 내림 커피에 시럽 왕창 넣어 주문하는 광민 씨는 카페 초반부터 지금까지 인연을 이어나가고 있는 친군데 비슷한 나이대에 좀 놀던 젊은 시절을 공유하며 점점 친해졌다. 옷과 액세서리. 그리고 올드카를 좋아하는 광민 씨는 패션 정보도 공유해주고 어울릴 옷도 선물해주기도 하고 양파도 가져다주곤 했다. 나야 뭐 차를 가져오면 손볼 수 있는 건 도와주고 이런저런 조언을 해주곤 했을 뿐인데 깍듯이 대해주며 같이 식사도 할 정도로 친해졌다. 카페를 정리하는 마지막까지 함께해줬던 손님이자 동생이었다.

승훈 씨는 가족사진을 찍으면서 인연이 되었다. 승훈 씨 형님이 한국에 오면서 가족사진을 찍을 일이 있었다. 이후 조용조용 커피 한 잔씩 사가던 승훈 씨가 여자친구를 데려왔다. 어쩌다 보니 결혼을 준비하던 때부터 결혼하고 나서까지도 단골로 남아 카페를 정리할 때까지도 인연이 이어졌다. 크리스마스에는 카페에서 단골들을 위한 소소한 선물꾸러미를 준비해서 나눠줬었는데 대단한 것을 준 것도 아닌데 승훈 씨의 아내인 지혜 씨를 통해 예상치 못한 선물을 받았다. 사실 무엇을 받으려고 나눈 것은 아니었지만, 이 선물 덕에 내 마음도 따뜻하게 해주었다. 커피 한잔을 사가도 항상 따듯하게 대해주는 그 마음이 정말 고마웠다.

    오토바이 동호회를 통해 만난 사람들도 있다. 그중 상수 씨와 보민 씨는 정말 특별한 인연이다. 아내인 보민 씨가 용인에서 첫 오토바이를 산 날 둘이 정한 첫 라이딩 장소가 우리 카페였다. 이때가 둘이 결혼한 지 한 달도 안 되었을 때였는데 오토바이 산 김에 연습 삼아 찾아왔던 부부는 그 뒤로 친해져서 같이 바이크로 피크닉도 가고 라이딩 여행도 다닐 정도로 친해졌다. 내가 목사인 것을 알고 나서도 집으로 초대도 해주고 둘 다 교회를 다니는 것도 아니지만 식사하기 전에 기도해 달라고 할 정도로 나를 배려해주는 부부였다. 이렇게까지 배려해주는데 어떻게 가까워지지 않을 수가 있을까? 우리는 참 많은 것을 함께 했다. 좋은 것을 주는 데 아낌이 없었고 서로의 삶을 응원하는 것에 망설임이 없었다. 바쁜 삶을 살아가는 과정 중에도 짬을 내서 인연을 이어나갔다.

    상수 씨 학교 선배이자 라이더인 민주 씨는 오토바이를 어지간히 좋아하는 친구인데 많을 때는 바이크가 세 대나 있었다. 가끔 놀러 오면 이것저것 손봐주고 나눠주고 하다 보니 많이 친해졌다. 따로 수리비를 받을만한 일이 아니라 받지 않았을 뿐인데 미안했든지 커피 팔아준다고 와서 두 잔씩은 기본으로 마시고 간다. 종종 어려운 일이 생기면 물어보기도 하고 형님이라 부르며 먼 길을 마다하지 않고 찾아와서 마음을 주고받는 고마운 친구였다. 요즘은 학교에서 많이 힘든 것 같던데. 우리 민주씨 그만 좀 괴롭혔으면 좋겠다. 하하핫!

손님들 말고도 이곳에 카페를 차리고 나니 주변에 좋은 분들을 많이 있었다. 인터넷에 안 파는 게 없는 베스트 나이프 사장님 김진환 씨는 아내가 둘이 사귀는 거 아니냐고 물어볼 정도로 친하게 지냈다. 장사가 안될 때면 와서 커피 한잔 팔아 주며 잘 되기를 응원했다. 맛있는 게 있으면 나눠주고 심심하면 와서 자다 가고 가게를 비우면 대신 손님을 맞아주기도 했다. 정말 친구처럼 가깝게 지냈다. 그 옆집에 있는 시계 사장님은 시계 도소매를 하시는 분인데 이분은 동네 모든 사장님을 막내라고 부르신다. 그 나이를 가늠할 수 없는 외모에 무조건 막내라고 부르니 도대체 누가 진짜 막내인지는 모르겠지만 항상 힘차고 유쾌한 사장님이셨다. 네일샵 뮬 사장님은 옆에 있던 이마트가 떠나고 새로 온 사장님이다. 사장님네 까망강아지 깨물이는 어찌나 애교도 많고 나를 좋아해 주든지 한 번씩은 꼭 놀아주고 싶게 만들었다. 뮬 사장님은 카페와 함께 행사도 해주시고 손님들에게 우리 카페 소개도 많이 해주셨다. 카페 근처에 있는 완산골명가 사장님은 아이스커피에 시럽 타서 드시는 걸 좋아하셨다. 나는 근처에 식당에 갈 때면 항상 커피를 챙겨 갔었다. 힘든 시기에 같이 힘내자는 의미였다. 별것 아니었지만, 사장님은 밥을 먹으러 가면 항상 평소보다 많이 챙겨주셨다. 복날에는 와서 삼계탕을 먹으라며 챙겨 주신 적도 있었다. 항상 커피 맛있다고 말씀해주시고 가족들과 함께 가면 매번 인심 좋게 넉넉히 챙겨 주셨다. 가까운 중국집 예원은 사장님도 배달하는 분들도 너무 친절하다. 자장면 한 그릇도 5분 안에 웃으며 단무지 두 개 담아서 배달해 주신다. 가끔 더울 때는 커피 넉넉히 준비해서 매장으로 보내드리곤 했다. 가족들과 자장면 먹으러 가면 군만두가 아니라 탕수육을 서비스로 주신 적도 있다. 그 외에도 김우영 교수님, 농구선수 아닌 강백호 씨, 우노씨, 슈퍼 커브로 유라시아 횡단한 경태, 경민 형제들, 경찰병원과 요양병원 선생님들 그 외에 많은 사람을 카페를 통해 만나고 헤어졌다. 관계는 상호 유기적인 것이다.

   가장 오래가고 편한 관계는 서로에게 부담이 없는 관계라 할 수 있다. 한때 손님은 왕이라는 말이 유행했다. 요즘에는 많이 사라진 듯하지만, 자영업자들에게 손님은 고마우면서도 부담스러운 존재인 것은 분명하다. 이런 말이 좀 이상하게 들릴 수 있겠지만 나에게 카페의 손님은 왕이 아니었다. 그들은 돈을 내고 나는 커피를 준다. 이 행위는 표면적 행위지만 난 그 행위에 의미를 부여했다. 거래로 시작한 행위에 마음을 담은 관계로 발전했다. 이름을 부르며 그가 들려주고 싶은 이야기를 듣고 들을 준비가 된 이들에게 나의 이야기를 들려주었다. 그렇게 너와 나에서 우리가 되어갔다. 나는 장사를 했다기보다 관계를 세워나갔다. 그래서 망했나 보다. 하핫! 그렇게 만났던 사람 중 누군가는 화답하여 좋은 관계를 이어나갔고, 누군가는 거래만 하는 관계로 남았다. 좋은 이웃이 된다는 것은 서로를 살피는 것이다. 서로의 필요와 감정을 살피고 위로하고 공감하는 것이다. 이런 공감들을 통해 우리는 보이지 않게 조금씩 감정을 쌓아나가게 된다. 나는 관계에 나의 신앙을 담지 않았다. 사람을 전도의 대상으로 인식하지도 않았다. 오롯이 그 사람에 관심을 두고 그 사람의 삶을 응원하고자 했다.

인간관계를 전도의 도구로 사용하고 싶지 않았다. 관계는 그와 나와의 고유의 영역이다. 내 삶에 포함된 하나님의 숨결이 그들과의 관계 속에 자연스럽게 묻어날 때, 마치 친구는 닮는다는 말처럼 그에게 전해질 것이다. 그것이면 족하다. 그렇게 지난 4년간 나는 많은 사람을 만났고, 누군가는 좋은 이웃으로 여전히 관계를 이어나가고 있으며, 또 누군가는 교회의 식구가 되어 하나 된 지체가 되었다.

사실적 믿음

레슬리 뉴비긴은 '다원주의 사회에서의 복음'이라는 책에서 종교적 다원주의 사회에서 아는 것과 믿는 것의 차이에 대해 논한다. 나는 그의 글을 통해 믿음과 삶의 일치에 대한 고민을 시작했고, 개척을 시작하면서 어떻게 일치된 삶을 살아야 할지를 고민했다.

우리가 어떤 사실을 알고 있는 것과 그것을 믿는 것은 구분된다. 알고 있다는 것이 우리가 믿는다는 것을 의미하지는 않는다. 마찬가지로 우리가 어떤 사실에 대한 믿음이 있어도, 그 믿음을 기반으로 한 행동으로 이어지기 위해서는 추가적인 노력이 필요하다.

우리가 매일 아침 일찍 일어나서 적절한 양의 운동을 해내면 건강해진다는 것을 알고 있다고 해서 그 정보에 대한 확신이 있는 것은 아니다. 아무리 주변 사람들이 이 일의 근거를 제시하고, 실제로 건강해졌다고 주장해도 스스로 믿으려 하지 않는다면 믿을 수 없다. 만약 이 정보를 믿기로 했어도 당장 매일 아침 적절한 양의 운동을 해내는 사람은 많지 않을 것이다. 개인의 성향이나 환경에 따라 스스로 사실로 믿기로 한 것을 아침잠을 줄여가며 자신의 시간과 열심을 내서 도전하기까지는 또 다른 결심이 요구된다. 그리고 드디어 아침의 문을 열고 싱그러운 햇살을 맞이하며 운동을 시작해도 곧 익숙하지 않은 힘듦과 생각지도 못한 부작용이나 고통으로 인해 자신의 결심을 의심하게 될 수도 있다. 규칙적인 운동으로 건강해지기 위해서는 무작정 운동하기보다 그 이유와 목적에 맞는 운동과 회복을 위한 방법들을 연구하고 고민하면서 한편으론 운동으로 인한 고통을 이겨내는 인내심도 필요로 하기 때문이다. 어느 순간은 느껴지는 고통이 앞으로 건강해질 것이라는 믿음보다 크게 느껴져서 포기하고 싶은 순간도 있겠지만, 결국 끝까지 포기하지 않고 믿음대로 살아가게 하는 것은 처음 믿음일 것이다. 그리고 이 모든 어려움을 이겨내고 실제로 건강한 몸이 된다면 비로소 자신의 믿음을 증명해 낸 것이라 할 수 있다.

위와 같이 단순히 알고 있거나 믿고 있다는 여기는 일들은 사실 실제로 믿는 것이 아닐 수도 있다. 믿는다는 것은 그 믿음을 기반으로 살아가는 것을 의미한다. 그리고 실제로 그렇게 살아가기 위해서는 마치 아침 운동을 하게 되기까지의 과정들처럼 특별한 노력이 필요하다. 단지 믿기만 하는 것은 정신적이고 내적인 무형의 행위에 불과하다. 우리가 믿는다는 것은 그 믿음대로 살아내는 것까지가 믿음이다. 믿는 그대로 살아내지 않는다면 그 믿음은 작용하지 않은 것과 다름이 없다. 믿고 있는 사실을 행동으로 옮기기까지 때와 시기의 차이는 있을 수 있겠지만 결국은 그렇게 살아야 정말 믿고 있다고 할 수 있다.

*나는 믿음을 사실로 여기고 직접 삶으로 살아내는 것을*
*'사실적 믿음'이라는 말로 표현하고자 한다.*

과학은 보편적인 진리나 법칙의 발견을 목적으로 한 체계적인 지식이다.(표준국어대사전) 종교는 신이나 초자연적인 절대자 또는 힘에 대한 믿음을 통해 인간 생활의 고뇌를 해결하고 삶의 궁극적인 의미를 추구하는 문화체계(표준국어대사전)라고 정의한다.

과학은 이미 존재하는 보편적인 진리나 법칙을 발견하고 그것은 기반으로 세상에 적용한다. 사실적 믿음도 성경을 통해 이미 존재하는 하나님의 섭리를 발견하고 삶에 적용한다는 점에서 과학과 동일하다.

간혹 과학을 통해 어떤 종류의 물질이나 혹은 어떤 사건이 벌어지는 방식에 대해 발견한다 해도 그것은 이미 존재하는 것을 발견하고 응용하는 것이지 새롭게 창조하는 것을 의미하지 않는다. 지구상에 없는 무엇을 최초로 만들어냈다거나 최초의 발견이라는 것은 전적으로 인간의 기준에서일 뿐 이미 존재하고 있던 것을 이미 존재하는 방식으로의 인위적인 재현이 가능해졌을 뿐이다. 그렇게 과학이 무엇인가를 새롭게 발견해도 그것이 발견되기 전에 존재하지 않았다는 것을 의미하지 않는다. 아직 발견하지 못하고 증명하지 못했을 뿐 이미 존재하고 있었다는 사실은 변하지 않는다는 것이다.

스스로 경험하고 확인한 것들에 대한 믿음을 기반으로 연구해 나가는 것이 과학이다. 과학은 가설을 통해 문제를 제기하고 연구과 검증을 통해 가설을 증명한다.

🌱

 당연한 말이지만 제시한 모든 가설이 증명되는 것은 아니다. 그 연구 범위가 너무 광범위하거나 인생의 길이로 가늠할 수 없는 길이의 연구인 경우 계산을 하고 가설을 제시한다 해도 증명까지 걸리는 시간을 인생으로는 기다릴 수 없을지 모르고 혹은 증명 자체가 의미 없어질지도 모른다.

 만약 지구가 노화하여 붉은 거성의 단계로 진입하게 된다면 이 가설을 확인할 인류는 이미 존재하지 않을 것이고 확인의 의미도 없어질 것이다.

 혹은 우리의 태양계가 소멸하는 단계까지 이르는 그 순간에 인류가 영화처럼 우주식민지를 만들고 그 안에서 태양계의 멸망이 사실이라는 가설을 증명하게 될 수 있을지도 모르지만 그렇게 대기가 없는 우주에서 많은 사람이 살아가는 우주식민지가 수많은 우주 먼지와 행성 조각들로부터 우주선을 지키며 인류가 정착할 수 있는 행성을 발견하고 정착할 수 있을지 모른다는 가설 역시 말 그대로 '그때 가 봐야' 알 수 있다.

 어떤가? 이 말이 가능하다고 생각하는가? 불가능하다고 생각하는가? 우리는 증명되지 않은 가설을 부정할 수 없다. 어쩌면 수십 년 전만 해도 황당무계한 것 같은 이야기들이 지금은 가능해 보이는 이유는 우리가 불가능하다고 생각한 일들을 지금의 일상에서 누리면서 오는 기대감일 것이다. 이런 가설들이 증명되지 않는다고 해서 우리는 이런 가설들을 터무니없다거나 존재할 수 없는 일이라 말할 수 없다. 부재가 증명되지 않는다고 해서 존재함을 의미하지 않는 것처럼 존재를 증명하지 못한다고 해서 부재가 증명되지도 않는다.

이와 마찬가지로 보편적인 진리와 법칙을 발견하기 위한 체계적인 지식으로서 성경을 통해 절대자가 세계를 창조했다는 전제 속에 이루어진 구원과 재림 그리고 하나님 나라에 관한 이야기에 대해 그 시기와 때를 우리가 알 수 없고 직접 증명할 수는 없다고 해서 이 사건의 존재와 부재를 논할 수도 없다. 초기기독교 세계에서 유일한 진리였던 창조론이 진화론 이후 급속히 그 본래의 자리를 잃어가고 있지만 적어도 하나님의 창조적 섭리가 부정될 조건에는 부합되지 않는다. 과학이 가설을 세우고 증명해 나가듯, 하나님의 창조적 섭리가 옳다는 가설을 세우고 그것을 기반으로, 삶으로 증명해 나가는 것이 사실적 믿음이다.

하나님의 실존을 가시적인 유형의 무엇으로 증명하지 못한다고 해서 그의 창조적 섭리가 존재하지 않는다고 할

🌱

수 없다. 우리는 여전히 과학으로도 증명되지 않은 현실을 살고 있다. 과학은 여전히 발견되지 않은 사실들에 대해 가설을 세우고 연구해 나가며 그 범위를 넓혀나가고 있듯이 과학자들에게는 가설 중에 하나에 불과할지 몰라도 성경을 통한 하나님의 섭리를 믿는 이들에게는 그들이 사실로 여기는 성경을 통한 하나님의 지식을 기반으로 살아가는 일은 마치 완전히 증명하지 못한 세계와 작용하는 법칙 안을 살아가며 아직 밝혀지지 않은 것에 대한 가설을 세우고 연구하는 과학처럼 부재가 증명되지 않은 실재에 대한 믿음을 가지고 살아가는 것과 같다.

과학과 사실적 믿음은 이미 존재하는 것을 발견해나간다는 점에서 동일하고 아직 증명되지 않은 가설을 증명해 나간다는 점에서 그 방식이 유사하다. 과학에 다양한 가설들이 있듯이 하나님의 존재와 그의 창조 섭리가 작용하고 있다는 믿음을 사실로 여기고 살아가는 것이 '사실적 믿음'이다.

'사실적 믿음'과 과학은 유사한 방식으로 진리라 믿는 것을 증명해 나간다. 굳이 구분하자면 과학이 인간의 삶과 실제적이고 직간접적으로 관련된 미시사적 접근이라면 '사실적 믿음'은 추상적이며 거시사적인 접근이라 할 수 있겠다. 무엇을 진리로 받아들이느냐에 따라 과학과 '사실적 믿음'은 그 과정이 확연히 구분된다. 과학이 눈에 보이고 증명된 것에 대한 믿음으로 가설을 펼치고 진리를 향해 접근한다면 '사실적 믿음'은 보이지 않는 하나님이 성경을 통해 자신을 조명하셨다는 믿음을 전제로 진리를 추구해나간다. 과학이 인간의 호기심으로 가설을 세우고 발견해나간다면 사실적 믿음은 이미 주어진 진리에 대한 믿음을 살아내는 삶 그 자체가 증명의 과정이라 할 수 있다.

마치 인생을 걸고 증명이 불가능해 보이는 가설을 증명하고자 매달리는 과학자들처럼 '사실적 믿음'을 가진 사람들은 진리를 믿고 그 믿음대로 살아내는 삶을 통해 진리를 증명해 나가는 사람들이다.

종교는 신이나 초자연적인 절대자 또는 힘에 대한 믿음을 통해 인간 생활의 고뇌를 해결하고 삶의 궁극적인 의미를 추구하는 문화체계(표준국어대사전)라고 정의하고 있다. 종교는 믿음을 통해 무엇인가를 신앙한다는 점에서 '사실적 믿음'과 같지만, 개인의 요구와 필요를 통해 선택한다는 점에서 '사실적 믿음'과는 전혀 다르다.

아이러니하게도 기독교는 종교의 파트 안에 속해 있고 밖에서 보면 다 똑같아 보이겠지만, 종교는 그것이 유무형의 무엇이든 자신의 취향에 따라 혹은 자신에게 잘 맞는다고 생각해서 선택한 신앙의 대상을 통해 자신의 바람을 투영한다. 반면 '사실적 믿음'은 이미 있는 진리를 받아들이고 믿을 뿐 개인의 바람은 투영되지 않아야 한다. 인간의 개인적 바람이 투영된 잔상은 신앙하는 대상의 본질을 흐리게 만들고 사실적 믿음을 종교적 믿음으로 변질시킨다.

믿음의 시작은 종교적 믿음으로 시작할 수도 있지만, 성경을 통해 진리가 조명되면 자신의 바람을 투영하던 것을 멈추고 조명된 진리를 따라 '사실적 믿음'으로의 변화가 시작된다. '사실적 믿음'이라는 것은 우리가 믿는 그것을 사실로 여기는 것이다. 종교가 내가 원하는 것을 위해 신앙할 대상을 선택하여 믿는 것이라면 사실적 믿음은 믿음이 사실이 되는 것이다.

예수 그리스도의 동정녀를 통한 등장과 그의 죽음과 부활 그리고 승천까지의 모든 사건을 사실로 인식하고 믿을 때 '사실적 믿음'의 전제가 완성된다. 이런 믿음을 전제로 신자의 죽음이 부활로 구원된다는 도식도 완성된다. 그래서 진리 중 일부를 믿고 일부를 믿지 않는 것은 불가능하다. 모든 구원의 도식은 완벽하게 연결되어있다.

종교적 믿음은 머리로는 알지만, 현실적으로 불가능하다는 말이 성립할 수 있겠지만 '사실적 믿음'으로는 죽은 사람이 부활하는 것이 현실이 되는 것이다. 그러나 구원이나 개인의 소망을 위해 믿는 것은 개인의 바람이 목적이라는 점에서 종교적 믿음이 된다. '사실적 믿음'은 어떤 대가를 위한 믿음이 아니다. 창조적인 섭리를 깨달아 서로의 삶을 돌보며 맡겨진 세계의 지속 가능함을 지키고 창조하신 하나님을 향한 사랑을, 예배를 통해 표현하는 것이다. 그냥 그렇게 창조됐으니 그렇게 살아가는 것이다. 구원은 믿음처럼 살다 보면 주어지는 보너스 같은 것이지 목적이 될 수는 없다.

구원과 천국에 관한 도식들은 우리를 처음 교회로 이끄는 계기가 될 수 있지만, 한편으로는 우리가 종교인이 되게 만드는 이유가 되기도 한다. 우리가 하나님을 믿는 이유에 어떤 목적을 더 한다면 그것은 종교의 정의에 합하게 된다. 우리가 진리를 통해 아는 것과 믿는 것이 일치되고 믿는 것을 삶으로 살아내게 된다면 더 이상 구원이나 천국이나 상급과 같은 보상을 바라는 종교적인 믿음을 지나서 '사실적 믿음'을 가진 삶이라 할 수 있겠다.

나는 이런 '사실적 믿음'이 창조적 섭리를 따라 서로를 사랑하는 삶을 살아내고, 예배를 통해 하나님을 향한 사랑을 표현하는 삶을 사는 삶이라 생각한다. 교회를 통해서 이 땅에서 천국을 미리 경험하며 그리스도의 재림을 교회 공동체와 함께 기다린다. 뭐 특별한 것 없는 평범한 교회 아니겠는가. 이런 평범함을 특별함으로 바꾸는 것은 말과 생각이 아니라 이 믿음을 사실로 여기고 직접 살아내는 것이다. 그러나 나의 이런 믿음에 대해서 이상주의라고 말하는 사람들도 있다. 혹은 그런 교회는 이상적이지만 현실적으로 불가능하다거나, 믿음이 부족해서 자신은 그렇게 살지 못한다고 말하는 이들도 있었다. 그러나 나에게 있어서 성경대로 사는 삶이 가장 현실적인 삶이다.

우리는 성경을 통한 지식이 없어서 삶으로 살아내지 못하는 것이 아니다. 알면서도 못 하는 것이다. 엄밀히 말하면 안 한다는 말이 맞을 것이다. 우리의 믿음이 부족하다는 말은 핑계에 불과하다. 예수님은 이런 핑계들을 종식하기 위해 우리와 같은 인간의 몸으로 오셨다. 비록 전적으로 하나님의 의지를 통해 그가 원하시는 때에만 가능하지만 성령을 통해 예수님과 같은 신적 능력을 체험하는 것도 가능하다. 환상과 방언과 치유와 축귀와 같은 일들은 성경을 통해 증거되는 사실이다. 예수님이 인간의 몸으로 우리에게 보여주신 삶을 증거들은 우리도 같은 인간으로서 그 삶을 살아갈 수 있다는 것을 증명한다. 완전한 신으로서, 또 유일하게 죄가 없는 인간으로서만 가능했던 죄를 용서하는 권능을 제외하고 예수님은 우리와 동일한 인간이다. 정확히는 예수님은 우리와 동일한 인간으로 오셨다. 우리가 인간이라 믿음대로 살지 못한다고 변명할 입이 막혀버린 것이다.

좀 지루한 이야기가 이어졌지만 이런 믿음을 배경으로 나에게 던져진 첫 숙제는 누구를 어떤 자리에서 만나든 한결같은 모습으로 대하는 것이었다. 사람들에게 스스로 목회자임을 일부러 드러낸 적도 없지만 그렇다고 숨기려 한 적도 없고, 카페 사장이든 목사이든 같은 모습으로 대하려 노력했다. 교회에 소속되었을 때는 목사이기 때문에 참고 인내해야 했던 일들을 이제는 참지 않고 배려를 담아 표현하는 방법을 고민해야 해야 했다. 누구를 대하더라도 어떻게 하면 그 사람과 지속 가능한 관계를 이어 나갈 수 있을까를 고민하며 사람들을 만났다.

가장 먼저 체감한 일치의 요구는 가정 안의 '나'와 교회의 목회자로서 '나'의 일치였다. 목사이지만 카페 사장이며 아빠, 남편이었던 나는 우리 다섯 식구만 드리는 예배

🌱

안에서도 스스로를 아빠라 해야 할지 목사라 불러야 할지를 오가며 이 두 모습의 일치를 고민했다. 호칭의 문제는 굳이 중요하지 않았다. 첫 숙제는 가정에서의 모습과 거리가 있던 목사의 모습을 빼는 것으로 시작했다. 그렇게 평소 집에서의 모습과 예배를 집례하는 모습의 차이를 조금씩 메꿔나가기 시작했다. 그렇게 시작된 내 일치의 여정은 누구에게나 진실한 모습으로 살아가며 숨김도 다름도 없는 일관된 삶을 살아가려 애썼다.

여전히 나는 '사실적 믿음'을 향한 과정에 있고 성경이 말하는 가치를 사실이라 믿지만, 나의 삶에 어떻게 적용해야 할지를 늘 고민하며 살아가고 있다. 사실 내가 한 이야기들은 새로울 것이 없는 말이다. 교회 좀 다닌 사람들이라면 누구나 당연히 알고 있는 사실들이 아닌가.

카페의 손님들과 이야기를 나눌 기회가 오면 서로 사랑하는 삶과 경쟁보다 함께 살아가는 삶을 이야기했다. 함께라는 말의 의미가 한쪽만 편한 관계를 의미하지 않는다.

모든 사람을 사랑해야 하지만 모든 사람과 친밀하게 지낼 수도 없다. 하나님이 모든 사람의 구원을 원하시는 것을 알지만 자유의지와 죄의 콜라보로 모든 사람이 구원받을 수 없음도 알고 있다. 구원의 여부에 관한 문제는 하나님이 판단하실 문제지 굳이 우리가 만나는 사람들과의 관계에서 구원받을 사람과 그렇지 못한 사람의 구분을 통해 시작부터 관계의 선을 그을 필요는 없다. 자연스럽게 서로를 끌어당기듯 서로를 배려하고 기꺼워하며 관계가 세워져 갔다. 굳이 말하자면 먼저 손을 내미는 경우가 좀 더 많았겠지만, 상대방이 먼저 환대를 해주는 경우들도 적지 않았고, 결국 지속 가능한 관계를 위해서는 누가 먼저 손을 내든 그 손을 부끄럽지 않게 하는 배려가 관계를 지속 가능하게 만들었다.

어느 한쪽의 인내와 희생을 통해 유지되는 불안정한 관계는 지속 가능하기 어렵다. 지속 가능한 관계의 전제는 서로를 완전히 동등한 관계로서 인식할 때 가능해진다. 어렵게 말했지만, 내가 불편하고 계속 참을 수 있는 정도의 문제가 아니라면 분명히 표현하고 그 표현을 통해 드러난 나의 불편함을 인지하고 배려해 줄 수 있는 사람과의 관계는 지속 가능한 관계로 이어지겠지만, 어느 한쪽의 인내와 오래 참음으로 유지되는 경우는 언제 끊어져도 이상하지 않을 건강하지 않은 관계라는 말이다.

봄꽃교회에는 나와 지속 가능한 관계를 세워 나갈 수 있는 이들이 모이고 있다. 나 역시 지속 가능한 관계를 이어 나갈 수 있는 이들과 함께 교회를 세워나간다. 누가 누구를 선택하고 말고의 문제나 권력과 주도권의 문제가 아니다. 구성원들이 서로 지속 가능한 배려의 기준을 찾아가며 지속 가능하고 싶은 사람들과 지속 가능하기 위해 노력으로 교회를 세워가는 것이다. 나는 그렇게 세워지는 교회가 '우리'라는 이름으로 세상과 선을 긋기보다 예수 그리스도를 머리로 하는 공교회 안에서 유기적인 관계로 연결된 교회 중 하나로서 마치 손을 구성하는 뼈와 살과 근육과 신경들이 유기적으로 결합한 것 같이 공교회의 한 모양을 이루는 교회라 생각한다. 비록 모양과 형식이 다르더라도 결국 예수 그리스도를 머리로 하는 공교회의 일부이자 지체가 되는 개별 교회인 것이다.

포스트모던 사회에서 다양성은 존중돼야 한다. 지나친 존중을 통한 부작용도 존재하고 그 다양성이 교회의 통일성을 떨어뜨린다고 생각할 수도 있지만, 창조의 섭리는 다양성 속의 조화에 있고, 사랑은 다양성을 유기적으로 연결하는 매개가 된다. 사랑이 없이 하는 행위는 아무 의미가 없다는 성경의 말처럼 이 모든 일에 사랑이 없이는 불가능하다. 애초에 사랑하며 살아가는 것이 섭리이기 때문에 사랑하지 않고 머리로 유기적인 연합을 이끌어 내는 것도 불가능하다. 사랑을 가르친다고 되는 것이 아니다.

    나는 믿는 것을 사실로 여기며 살아가려고 노력하고 있다. 내 일상의 모든 모습이 누구에게나 한결같은 일치된 모습으로 살아가길 원하고 만나는 이들을 차별과 혐오가 없이 동등한 존재로 마주보기를 원한다. 지속 가능한 관계를 맺어 나갈 수 있는 이들과 함께 서로의 삶을 돌보고 사랑을 표현하며 하나님을 향한 사랑을 예배로 표현하는 교회 안에서 예수 그리스도의 재림을 기다린다.

연보

재정의 문제는 교회의 초반부터 많이 고민했다. 어떻게 헌금하고 어떻게 가르칠 것인가? 교회 재정을 어떻게 할지에 대한 고민도 많이 했다. 재정의 문제에 대해서는 신학을 하기 이전에는 단편적으로 예배의 설교를 통해서 혹은 신학을 하면서는 동료들과 짧게 토론한 경우들도 있었지만, 이 문제를 주제로 직접 성경의 전반을 훑어본 기억이 없다는 생각에 먼저 성경 안에서 재정의 문제들에 대해서 직접 찾아보기 시작했다.

어린 시절 교회를 다닐 때 헌금은 마치 출입증 같은 것이었다. 청소년 시기에 신앙고백 이후 헌금은 예배 때마다 당연히 하나님께 드려야 하는 준비된 예물이었다.

주정헌금은 매주 스스로 정한 헌금을 미리 준비해서 드리는 것으로 배웠다. 매월 내야 할 헌금을 준비해서 성경책에 끼워두고 헌금했다. 하나님 앞에 나아갈 때는 빈손으로 가면 안 된다고 배웠다. 그러나 알아보니 빈손으로 나오지 말라는 건 무교절에만 딱 한 번 말씀하셨다.

일 년에 지켜야 하는 세 번의 절기 중 초막절, 무교절, 칠칠절에 하나님께 나아올 때 빈손으로 나오지 말라는 말씀이 있다.(출 23:15, 34:20) 그런데 그렇게 헌금하면 교회 전기세라도 나오겠는가? 목회자들 먹고살 돈도 필요할 텐데 말이다. 그래도 헌금하면 축복받는다는 말은 이제 좀 안 했으면 좋겠다. 십일조를 잘 내면 축복을 받는다더라. 그러나 난 십일조를 낼 만한 돈이 없었다. 믿음의 문제였으리라. 그래도 직장 생활하면서는 십일조를 꼬박꼬박 냈다. 그렇게 배운 대로 순종하는 마음으로 헌금 생활을 했다. 신학을 시작하고 나서 찢어지게 가난해도 십일조는 항상 했다. 전도사 시절부터 첫 사례는 85만 원에 각 학기 등록금의 반을 교회에서 내주었다. 부목사로 마지막 사역을 할 때까지 내 최고 월 사례금은 130만 원이었다.

개척하고 다른 목사님들을 인터뷰하면서 헌금에 대한

🌱

반감을 가진 분들이 많았다. 그래서 헌금 봉투를 아예 만들지 않거나 헌금 바구니를 돌리지 않고 계좌로 내거나 하는 방식으로 봉헌을 대체하는 교회들도 있었다. 남들을 신경 쓰지 않고 형편에 맞게 낼 수 있도록 하는 배려들이었다.

성경에서 말하는 헌금이 무엇일까? 처음에 든 생각은 하나님은 돈이 필요 없다는 것이다. 하나님은 돈이 필요하지 않다. 성경에 하나님이 쓰실 용돈 드리라는 말은 없다. 구약의 십일조는 아론의 자손 제사장들의 몫이었다. 전쟁에 나가지 않으니, 노략물도 없고 전쟁의 공로도 없으니 받을 것도 없겠지만 하나님의 일을 해야 하는 제사장들의 삶을 위한 배려였으리라.

최초의 십일조를 받은 멜기세덱의 경우(창 14:20)는 아브람이 자신을 축복한 멜기세덱을 향한 성의 표시 정도쯤 되는 것 같지만 최초의 왕인 사울에게 바치는 십일조(삼상 8:15)는 관리와 백성들을 먹이는 몫이었다. 구약의 처음 것에 대한 헌물은 대부분 제사를 위해 필요한 제물이었다. 가장 처음 것을 하나님께 드리는 것은 가장 귀하고 좋은 것을 하나님께 드리는 제의적 표현이자 그 태운 향기를 하나님께 올려드리는 의미였다. 물론 하나님이 시키신 것이다.

구약의 헌금은 하나님의 명령을 따라 가장 처음의 것은 하나님의 것으로 드렸고(출 13:2) 특별히 레위인들은 모든 지파의 장자를 대신하여 하나님의 소유로 인정되었다.(민 3:41) 이 레위인을 위해 다른 지파들은 십일조와 제물의 일부를 레위인에게 주었다.(느 10:37) 십일조는 다른 지파들의 장자들 대신 하나님의 소유가 된 레위인의 삶을 위해 쓰였고 이 전통은 느헤미야의 시대에도 이어진 것으로 보인다.(신 26:12) 모세의 때 십일조는 레위인과 더불어 나그네와 고아와 과부들을 먹이는 데 사용되었다.

사실 이런 말씀에 관한 연구와 사료를 분석해야 하지만 굳이 그렇게까지 하지 않더라도 헌금의 용도가 하나님의 성전을 화려하게 장식하고 넘치는 재물을 태우기 위한 것이 아니라는 것을 알기에는 충분한 것으로 생각된다. 예수님이 오신 이후 지금까지도 여전히 제물로 제사를 드리고 있는 유대인들도 있지만, 예수 그리스도는 단 한 번의 희생으로 모든 사람의 죄에 대한 제물이 되셨기 때문에 더 이상의 제사도 제물도 필요 없어졌다. 대 속죄일에 이스라엘의 모든 죄를 지고 광야로 보내지는 아사셀의 염소처럼 예수님의 사역은 더 이상 우리가 제물도 제사도 필요하지 않게 만

드신 것이다.

　예수님 이후 제자들의 이야기에서 예물의 용도는 좀 더 명확해진다. 바로 구제의 목적이다. 연보라고 표현된 단어들은 넉넉한 마음의 나눔이나 동료의식과 나눔을 통한 기쁨 정도의 의미로 해석될 수 있다. '함께'의 의미를 담아 돕고 나누는 것이다. 신약에서 십일조는 단 세 번 나오지만, 단 한 번도 좋은 의미로 쓰이고 있지 않다.(마 23:23, 눅 11:42, 18:12) 의미를 알지 못하고 내는 십일조의 용도는 그때부터 지금까지도 명확하지 않게 사용되고 있다.

　그나마 성경에서 그 답을 찾아보자면 우리 시대에서 레위인이라면 기껏해야 전업으로 목회하는 목회자들이나 사제들이 있을 텐데 교회에 따라 다르겠지만 그 십일조를 이들에게 다 준다면 좋아할 사람들은 많겠지만 안 그래도 욕먹는 목회자들을 천국에서 만나기 더 힘들어질 것 같다.

　신약시대에 제자들이 서로의 교회를 위한 동료의식과 연민의 마음을 담은 나눔이었던 연보는 우리에게 주어진 것이 '나'라는 사람에게 귀속된 것이 아니라 하나님으로부터 맡겨진 것임을 인정하는 것이다, 완전히 주는 것이 아니라 마치 집에 있는 숟가락을 공유하듯 서로의 필요를 주고받는 행위는 더 나은 사람이 더 못한 사람에게 주는 것이 아니라 하나님의 것을 서로의 필요에 따라 주고받음을 의미하는 것이다.

한국교회는 주는 것을 좋아하고 받는 것을 부끄럽게 여긴다. 그러나 주고받음의 자연스러움은 재물의 많고 적음을 의미하는 것이 아니다. 평등한 생명의 존재로 서로를 존중하고 자신이 누리고 있는 것을 자신의 소유가 아닌 하나님의 소유임을 인정하는 것이다. 그 필요에 따라 전달하는 전달자의 역할이 우리의 몫이라 할 수 있다. 주고받음은 요구나 강요가 아니라 필요를 살피고 자발적으로 내어주는 것이다. 그저 착한 마음이 필요한 것보다 사랑의 눈으로 서로를 살피고 그 필요를 채워줄 수 있는 이의 자발적인 채움이 주고받음의 묘라 할 수 있다. 결론적으로 교회의 헌금에는 수많은 항목의 헌금 봉투가 있고 그렇게 모인 헌금은 교회의 기능이나 또 전업 목회자들을 위해서도 사용돼야 하겠지만 결국은 구제를 위해 사용되어야 하는 것이 헌금의 바른 용도라 할 수 있겠다. 교회의 기능을 위해서라는 것은 예배를 위해 모이기 위한 장소를 마련하거나 유지하기 위한 비용들일 것이다.

전업 목회자들도 담임목사만 챙길 것이 아니라 전업하

🌱

는 다른 사역자들의 삶도 지속 가능한 삶이 될 수 있도록 해야 한다. 이것 역시 구제의 의미에 속한다고 볼 수 있다. 성도들뿐 아니라 그 누구라도 삶이 지속 가능하지 않은 이들을 위해 헌금이 사용돼야 한다.

카페를 개척하고 지금까지 세 곳 교회의 연보를 시작했다. 카페는 언제나 적자였지만 교회의 재정을 분리해두었기 때문에 지속적인 연보가 가능했다. 지난 4년간 연보한 금액을 잘 모아두었다면 장소를 옮길 때 도움이 되었겠지만, 재정의 우선순위는 구제가 가장 먼저였고 그다음이 모이기 위한 교회를 위해서였다. 맹목적인 후원은 오히려 독이 될 수 있음을 알고 있기 때문에 얼마 안 되는 돈이지만 신중하게 첫 연보를 고민하다가 필리핀에 사역하는 신대원 동기 김정조 선교사님을 첫 번째로 연보를 시작했다. 연보를 위한 많은 기준이 있겠지만 적어도 정기적으로 삶에 필요한 재정을 후원받지 못하고 있었고, 교회가 세워진 지역에 스스로 자급자족할 수 있는 인프라나 자원이 없었기 때문에 많은 금액은 아니었지만, 정기적으로 돕는 일에 의미를 두었다. 두 번째는 개척교회 목회자를 만나던 중에 자신의 삶을 위한 자급자족보다 복음을 외치는 삶을 선택한 정찬석 목사를 만났고 복음에 대한 진심과 그 삶을 응원하는 동역자의 마음으로 연보 하게 되었다. 마지막 세 번째 연보 교회는 아쉽지만 말할 수 없는 이유로 4년간의 연보를 멈추기로 했다. 모든 연보가 좋은 관계로 이어진 것은 아니지만 연보의 시작을 하면서 세운 기준은 내가 먹는 만큼 그들도 먹을 수 있기까지 연보를 하는 것이었다.

우리가 상황이 더 안 좋아져서 연보를 더는 못 하게 되더라도 최소한 일 년 이상은 연보를 유지할 수 있도록 하는 것을 목표로 했다. 나의 삶이 좋아지는 만큼 더 많은 연보를 통해 그들의 삶과 나의 삶이 차별 없이 평등하게 지속 가능한 삶을 누리는 것을 목적으로 동역하기로 마음먹었다.

코로나로 인해 우리 가족의 삶도 다른 의미로 바닥인 삶을 살고 있었기 때문에 더 많은 것을 나누지 못했고 교회의 헌금으로 우리 교회의 월세로 사용하려 했던 예산도 다른 교회로 덜어주었기 때문에 우리 교회와 가정을 위한 정기적인 연보는 아직 전혀 없었다. 매출이 마이너스인 카페를 운영하는 가정에서 드리는 헌금이 얼마나 됐겠는가. 결과적으로는 이런 상황에서도 다른 교회들을 향한 연보가 끊기지 않고 유지할 수 있었다는 것 자체가 은혜였다.

하나님은 어디에 계실까


개척하고 처음 몇 달은 살만했다. 비록 대출이기는 했지만, 생활비 걱정 없이 몇 달을 버틸 자본도 있었고 조금 지나면 코로나도 곧 끝나고 장사도 대박은 아니더라도 월세와 재료비 정도는 충분히 넘치고 약간의 생활비라도 가져다줄 수 있을 줄 알았다. 그렇게 대출받은 돈으로 4개월 정도까지는 아직 경험하지 못한 사람들이 상상할 수 있는 카페 사장의 호사를 누렸다. 커피 한잔하며 손님을 기다리고 이런저런 이쁜 사진들을 찍어 SNS에 올리며 홍보도 부지런히 했었다. 교회의 사역을 할 때와 다르게 운영에 관한 모든 것을 스스로 결정할 수 있었고, 자유롭게 움직였다.

사람으로 인해 힘든 일도 없었고 적막한 매출조차 평화롭게 느껴졌었다.

    힘든 점이 없었던 것은 아니다. 언제 올지 모르는 손님을 놓칠까 싶어서 화장실은 뛰어서 다녀왔고, CCTV로 매장을 확인하며 볼일을 봤다. 음식 냄새가 날까 싶어서 온종일 굶거나 카페 앞에 앉아 냄새가 안 나는 빵이나 사발면을 먹으면서 자리를 지켰다. 이런 노력에도 불구하고 대출받은 잔액이 줄어드는 속도가 전혀 줄어들지 않았다. 이런 추세라면 일 년을 버티기 힘들 것 같았고 코로나로 인한 영업 제한은 점점 심해지고 있었다. 개척하고 반년이 지나지 않아 우울해지기 시작했다. 결국, 첫해 가을 즈음해서 자전거로 배달을 시작했다, 그렇게 그해 겨울을 카페에서 나온 수익이 아니라 배달을 통한 수입으로 넘길 수 있었다. 어느 순간 배달을 하지 않으면 당장 다음 달을 버티지 못할 지경에 이르렀다. 카페 사장의 여유는 사라진 지 오래였다. 매장문을 일찍 닫고 비가 오든 눈이 오든 무조건 배달을 나갔다. 오늘을 안 달리면 내일은 없다. 그렇게 떠밀려 나간 배달 일도 쉽지는 않았다. 이른 아침 커피 손님이라도 있을까 싶어서 오픈 시간이 9시에서 8시로 옮겨도 손님은 없었다. 손님이 없어도 9시부터 6시까지 카페를 지키다가 배달하러 나가면 시작부터 이미 지쳐있었지만 늦으면 자정을 넘길 때도 있었고 평균 4~5시간씩 배달을 했다. 카페에 가만히 앉아 있다고 해서 몸이 편한 것도 정신적으로 여유가 있는 것도 아니었다. 그저 나의 하루가 길어질 뿐이다.

    나라의 정책은 간혹 카페의 숨을 이어 나갈 수 있도록 해주기도 했지만, 나의 빚을 늘려주기도 했다. 갚을 수 있을지 없을지는 중요하지 않았다. 어떻게든 눈앞의 하루를 살아야 했다. 나의 치열한 삶에 육신의 고난과 마음의 가난함은 있었지만, 하나님 앞에 최선을 다했다고 부끄러움 없이 말할 수 있는 삶을 살았다. 이 말이 교만하게 들릴 수 있음을 알고 있지만 적어도 가장 지혜롭게는 아닐지라도 내가 할 수 있는 모든 힘을 다해 하루하루를 살아냈기 때문에 사실 더할 수 있는 것도 없었다. 장사가 안되는 날들이 이어지면 스스로를 반성했다. 커피 맛이 이상한 것인지, 내가 손님들을 잘못 대하고 있는 건 아닐까? 동네에 카페에 대해 안 좋은 소문이 나서 안 오는 걸까? 말도 안 되는 생각들이라는 것을 알면서도 수많은 부정적인 생각들로 고민에 빠져서 우울해졌다. 그리고 이런 시간이 길어지자, 하나님의 실존에 대한 고민으로 이어졌다.

하나님은 어디에 계시는가? 하나님은 내 삶을 어떻게 돕고 계시는가? 하나님께 내 삶의 풍성함을 위한 기도를 한 지는 오래되었다. 마치 자신을 위해 기도하는 것이 믿음의 허물이 되듯이 느껴지기도 했고 하나님의 나라와 의를 구하면 필요를 채우신다는 말씀에 대한 믿음이기도 했다. 그러나 이젠 더 할 수 있는 것이 기도밖에 없었다. 그래서 장사가 잘되기를 기도해봤지만 그렇다고 갑자기 장사가 잘될 리 없었다.

하나님께 장사가 잘되기를 기도하는 것은 매일매일 사람들을 홀려 우리 카페로만 보내 달라는 것과 다름이 없는 것처럼 느껴져서 마음이 불편했다. 하나님은 어디에 계실까? 우리와 함께하시며 우리의 소소한 기도들을 들으시고 그 모든 기도에 응답하실까? 처음 신앙생활을 할 때는 그런 줄 알았다. 기도에 응답이 없는 것은 내 문제인 것 같았다. 언제나 함께하시는 하나님에 대한 믿음으로 몸이 힘들 때 집으로 가는 버스가 빨리 오기를 기도하는 것처럼 우연한 은혜를 기대하고 모든 일에 기도했다. 약을 먹으며 빨리 낫기를 기도하고 무슨 일이 생길 때마다 해결되기를 기도했다. 그러나 공부를 안 하고 기도를 하면 무슨 소용이며 일을 안 하고 돈이 들어오길 바라는 건 무슨

🌱

소용이란 말인가? 몸이 낫기 위한 노력은 하지 않으며 몸이 낫길 바라는 것과 장사가 안되는 곳에서 장사가 잘되기를 바라는 것이 다를 것이 무엇인가? 스스로 하는 기도에 확신이 없었다. 그래서 장사 잘되기를 바라는 기도를 그만뒀다. 장사는 안됐지만 기도했던 것처럼 많은 사람을 만났다. 문제는 유지 자체가 어렵다는 점이었다. 정신적으로 체력적으로 지쳐도 포기하지 않고 꿈을 꾸고 새로운 시도를 멈추지 않았다. 스티커 사업을 하고 오토바이 용품을 제작해서 팔았다. 사무실 청소를 시작했고 사진을 찍었다.

하나님은 틀림이 없는 분이며 그분이 하시는 것이 곧 의의 기준이 된다. 내 삶의 무게들이 하나님의 잘못일 수 없고, 나를 돕지 않는다고 해서 하나님이 계시지 않은 것이 아니었다. 내가 교회를 목적으로 카페를 운영한다고 해서 나의 노력과 열심들이 없이 하나님이 도우셔서 장사가 잘될 리 없고, 같은 이유로 내가 믿음을 가지고 하나님을 위해 노력과 열심을 쏟아부었다 해 그 결과가 좋아야 할 이유도 없다. 하나님의 계획은 사람의 생각과 다르고 그 시기와 때가 다르다. 내가 간절히 바라는 것이 하나님의 뜻과 다를 수 있고 내 인생의 문제라 생각되는 일들이 해결되는 것이 하나님의 뜻이 아닐 수도 있다.

과연 아무것도 하지 않고 바라기만 하는 것을 믿음이 좋다라 말할 수 있을까? 하나님은 이미 나에게 믿음을 통한 구원의 선물을 주셨다. 이미 나에게 주어진 것만으로도 충분히 헤아릴 수 없는 은혜를 입었으니, 물에 빠진 나를 구하신 하나님께 보따리를 내놓으라 할 면목이 없다. 그래도 하나님을 찾는 이유는 마치 아이가 부모에게 투정을 부리듯, 인생의 고단함을 토로하고 위로해주시기를 기대하는 것이다. 다시금 부모의 가르침을 되새기듯이 하나님께 지금의 삶이 전부가 아닌 것을 고백하고 천국에 소망을 두며 창조의 목적대로 지속 가능한 세계와 지속 가능한 삶을 추구하며 하나님을 바라보는 삶을 살아내겠다고 다짐할 뿐이다.

　구원과 죄의 용서에 관해 우리는 무능하고 아무것도 할 수 있는 것이 없으나, 우리 삶의 문제에 있어서 우리가 할 수 있는 최선의 노력을 해야 한다. 그리고 그 결과는 오롯이 나의 문제이지 하나님을 원망할 문제가 아니다. 불의의 사고가 있거나 혹은 타인으로 인해 삶에 고난이 찾아올 수도 있다. 죄의 문제는 언제나 그렇듯이 그것이 나로부터 시작된 죄인지, 다른 사람의 죄 인지와 관련 없이 우리의 삶을 무너뜨리고 역경의 삶으로 끌어내리려 할 것이다.

🌱

그러나 그런 죄의 문제를 우리는 해결할 수 없다. 하나님께 기도하는 것밖에 방법이 없다. 죄의 근원이 되는 나의 욕심과 질투와 분노와 절제하지 못함 같은 죄들을 회개하고 용서를 구하며, 나의 죄와 더불어 타인을 괴롭게 하는 이들의 죄의 회개와 용서를 위해 기도를 할 따름이다. 우리 인생에 찾아오는 태반의 문제들은 죄로 인해 시작된다. 다만 그것이 내 죄이든 타인의 죄이든 그 시기가 태초의 아담과 하와의 죄든 지금, 이 순간 짓는 죄이든 그 죄는 언젠가 결과를 만든다. 예수 그리스도를 통해서가 아니라면 우리가 이 죄를 벗어날 길이 전혀 없다. 그것이 바로 그리스도의 대속이 의미하는 중요한 한 지점이다.

때로는 우리 인생의 곤고함과 고난을 두고 기도할 때 사랑을 이유로 우리의 기도에 응답하시는 경우들도 있겠지만 그 결과들은 우리의 삶이 하나님을 향하도록 하려는 의도를 갖는다. 과연 언제 떨어질지 모르는 은혜에 매달려 살아가는 것이 옳은 것인가? 지금 당장에 내가 할 수 있는 최선의 삶을 살아내며 하나님의 단비와 같은 은혜를 기다리는 것이 옳은 것인가? 나는 당연히 후자를 선택했다.

나의 자아가 깨지고, 하나님의 임재는 분명하지만, 고통과 고난의 행군이 이어지며 끼니를 거르지는 않지만 매일 똑같은 음식을 먹어야 하는 마치 이스라엘이 겪은 광야의 삶에 지루함처럼 그렇게 가정과 교회의 지속 가능함을 위한 나의 삶을 이어나갔다.

하나님과 동행하는 삶


　내일을 위해 오늘을 몸부림치는 하루들이 쌓여가면서 나에게도 코로나가 찾아왔고 지친 일상과 삶의 무게들에 건강의 위협이 더해졌다. 후유증은 생각보다 길게 가서 체력과 의욕이 떨어지고 배달도 할 수 없었다. 그나마 쉬고 있던 아내가 다시 일을 시작하면서 가정에 대한 짐을 조금 덜어낼 수 있었지만, 아내를 향한 미안함은 더해졌다. 상황은 '플러스마이너스 = 마이너스'였다. 제로였으면 차라리 좋았겠다. 하핫.

　하나님의 부르심을 확신하고 개척을 시작했지만, 지금의 상황은 '내가 아무리 현란하게 입을 놀려도 돈이 없으면 실패한 인생같이 비치는 인생이다. 논리와 철학으로 똘똘 뭉쳐 자기방어와 설득에 성공해도 말이다.' 그도 사실인 것이 통장의 숫자가 나를 가장 힘들게 만들었다. 교회적 사명이라던가 교회를 지킨다던가 모두 같은 의미이지만 그저 지킨다? 버틴다? 어떤 단어든 간에 그런 상황이었다. 그렇게 4년이 넘는 시간을 어떻게 버텨왔는지 기억도 나지 않는다. 해야 하는 일이었을 뿐이지 대단한 상급이나 엄청난 반전을 기대하지 않았다. 그 와중에도 하나님은 분명히 함께 계셨고 중간중간 함께하고 계심을 꼼꼼하게 확인시켜 주셨다. 신비로운 우리 교회의 통장은 정기 연보나 주일 헌금이 엄청나게 늘어난 적도 없고 누가 십일조를 챙겨낼 성도들이 있는 것도 아니지만 빵꾸도 나지 않고 흘려보낼 재정은 언제나 남아있었다. 지난 4년 반하고 지금까지도 최고 금액이 400만 원 넘긴 적이 없었지만 150만 원 밑으로 떨어진 적도 없었다. 정말 미스터리하고 신비로운 일이다. 매월 40만 원씩 내보내면 10달이면 400만 원이 아닌가. 아 진짜 희한하네. 하핫. 신비로운 통장과 함께 다른 방식으로 미스터리한 통장인 개인 통장은 돈이 들어오기는 오는데 모이지는 않는다. 사실 이유가 뻔하니 신비롭지는 않지만 이제 좀 안 그랬으면 좋겠다. 하핫!

이런 삶이 꽤 길게 이어지다 보니 나에게 새로운 소망이 생겼는데. 바로 예수님의 재림을 간절히 바라게 됐다는 것이다. 언젠가부터 머릿속으로 '죽고 싶다'라는 말이 울려 퍼진다. 그러나 실제로 나는 그다지 죽고 싶다는 생각도 마음도 없는데 머릿속에서는 자꾸 되뇌고 있는 나를 발견했다. 그래서 생각했다. 정말 죽고 싶다기보다 삶이 힘들어서 주님이 만나고 싶은가보다. 언젠가 TV를 보니 나와 같은 사람들이 있더라. 우울증을 앓는 사람들의 특징이라던데 우울 이에게 미안하지만 난 우울하지는 않았다. 뭐 간혹 진짜 우울할 때도 있기는 했지만 나를 이렇게 우울하게 만드는 문제는 목회적인 고민이 아니라 지속 가능한 삶에 대한 불안이었다. 은혜롭지 못하게 말이다. 뭐 사실 내가 그렇게 은혜롭게 생기지도 않았다.

    내가 이렇게 힘든 삶 가운데서도 포기하지 않고 갈 수 있었던 것은 가족들이 가장 컸다. 아내와 아이들이 내 삶의 쉼이 되어주었다. 힘들고 지칠 때 아내가 나를, 내가 아내를 위로했다. 아이들은 밖에서도 안에서도 자랑스럽고 사랑스러웠다. 재정의 부족함과 상관없이 가족들과 함께 있으면 그 자체로 충분히 가득한 행복을 느낀다. 아이들이 학교에서 가족에 대한 글을 쓰면서 우당탕탕 이라고 썼다. 우리는 하나였고, 아이들이 행복하다고 말할 때 아내와 나도 행복해졌다. 아내가 행복할 때 나도 행복했고, 아내가 힘들어하면 나도 힘들었다. 내 삶에 가장 가까운 교회인 가정은 재정의 어려움과 지속 가능한 삶에 대한 불안 속에서도 나를 위로해주는 교회였고 내가 이 교회를 지속해 나갈 수 있는 가장 큰 힘이 되어주었다.

아이러니하게 어쩌면 교회를 포기하는 것이 가족들을 더 경제적으로 풍성하게 해줄 수 있을지 모른다고 생각했지만, 경제적인 풍성함이 가정의 행복을 보장한다고 생각되지 않았고 오히려 가정으로서의 교회를 지속하기 어려울 것 같다는 생각도 들었다. 적어도 우리 가정은, 우리 교회는 그랬다. 항상 그렇듯이 정답은 없다. 삶이 힘들다는 이유로 하나님 현존을 확신하는 상황에 그분이 맡기신 일들을 힘들다고 포기할 수는 없었다. 애초에 그건 나의 선택지에 아예 존재하지 않았다. 고난 중에도 하나님은 여전히 함께하시면서 소소한 나의 기도에 화답하시며 당신이 함께하고 계심을 확인시켜 주셨다. 하나님이 이렇게 가까이 계심을 보여주시는데 그 앞에서 포기할 수가 없지 않은가. 마치 아이들 공부시켜 놓고 부모가 책상머리를 지키고 있으면 어쩔 수 없이 궁디 붙이고 공부하는 것처럼 하나님이 함께하신다는 그 확신이 교회를 지속해 나갈 수 밖에 없는 이유였다.

인간의 자유의지


　나에게 지난 4년의 세월은 하나님이 우리에게 주신 자유의지에 대한 깊은 고찰에 이르는 시간이기도 했다.

　하나님은 우리에게 완전한 자유의지를 주셨다. 아담과 하와의 때부터 주어진 자유의지는 하나님의 뜻에 반하여 죄를 지을 수 있는 자유의지를 가지고 있었고, 하나님은 굳이 인간의 자유의지를 조작하여 자기 뜻대로 움직이는 존재로 만들지 않으셨다. 하나님의 창조 의지는 인간이 스스로 하나님의 뜻을 따라 순종하여 그 창조의 섭리대로 서로 사랑하며 지속 가능한 세계를 돌보는 관리자의 역할을 다하여 창조세계를 아름답게 유지하고 창조하신 하나님과 교제 가운데 영원한 삶을 누리는 것이다. 그래서 하나님이 우리에게 주신 자유의지는 하나님이 우리를 향한 깊은 사랑의 결정체라 할 수 있다. 창조주와 피조물의 좁힐 수 없는 간격 속에 있으면서도 자신의 의지로 창조주인 하나님과 교제할 수 있는 존재로 창조하신 것은 진정한 사랑이 아니고서는 불가능한 것이다.

나 역시 하나님이 주신 자유의지로 하나님이 맡기신 일에 순종하는 쪽을 선택했다. 하나님은 그분의 뜻을 받아들이는 부분에 있어서 우리가 억지로 무엇인가 하기를 원하지 않으신다. 물론 때에 따라 요나와 같이 강제하는 경우들도 있겠다. 그러나 하나님은 근본적으로 자발적인 순종을 기뻐하시는 분이다. 그나마 하나님의 조명하심이 없으면 아무것도 할 수 없는 인간이지만 우리에게 어떤 선택권을 줬을 때 하나님의 의지를 따를지 그 외의 의지를 따라 행동할지는 우리의 자유의지에 달려있다. 굳이 말하자면 요나도 끝까지 반항해서 하나님의 진노를 받아 죽을 각오로 안 할 수도 있었을 것이다. 우리에게 주신 자유의지는 하나님의 사랑으로 말미암아 주어진 것이기 때문에 주님이 다시 오셔서 심판의 날이 찾아왔을 때도 우리의 자유의지를 하나님은 손대지 않으실 것이다.

우리가 심판의 때에 모두 부활하여 심판을 지나 홀연히 변화되어 하나님 나라로 갈 때도 우리의 자유의지는 여전할 것이다. 예수님이 오시고 우리가 천국에 간다고 해서 갑자기 착해지거나 미움, 다툼, 시기, 질투와 같은 감정들을 하나님이 없애거나 삭제하지 않으신다는 것이다. 우리의 믿음이라는 것이 그의 의지대로 바르게 기능할 때 우리는 그 믿음을 기반으로 한 삶을 직접 살아내게 된다. 그리고 그런 삶을 살아가는 이들이 모이는 곳이 예수그리스도를 머리로 여기며 서로를 하나의 몸처럼 여기는 교회가 될 것이다. 그리고 그 교회는 지금이나 예수님이 재림하신 뒤에 찾아올 심판 이후의 세계에서나 한결같이 하나님의 법을 따르는 하나님 나라의 백성으로 살아갈 것이다.

 교회의 구성원들이 하나님의 뜻을 믿는 대로 살아간다면 그렇게 살아가는 사람들이 모인 교회는 심판 이후의 하나님 나라와 완전히 같을 수는 없겠지만 적어도 이 땅에서 가능한 하나님의 나라를 이루게 되는 것이다.

 우리가 전도나 구원의 확신을 말할 때 예수 그리스도를 주로 시인한다는 말의 의미는 말만 하는 것이 아니라, 말의 고백처럼 살아내며 그 고백의 참됨을 증명해야 한다는 것이다.

내가 누구를 돕겠다고 말했다면 실제로 도와야 스스로 한 말이 거짓이 아님을 증명하는 것이다. 내가 하나님을 믿는다고 고백했다면 성경에 나오는 하나님의 뜻대로 살아가야 그 믿는다는 말이 유효한 고백이 된다. 예수 그리스도를 통한 회개와 구원의 사역들을 믿는다고 고백한다면 우리는 그 고백에 맞는 삶을 살아내야 한다. 인간이 순식간에 하나님의 자녀로서 완전한 존재로 변화된다면 너무 좋겠지만 아쉽게도 그런 일은 심판의 때에 나타난다는 변화에도 포함되어 있지 않다. 하나님의 말씀대로 살아간다는 말이 불가능한 것처럼 느껴진다고 해서 자기가 하고 싶은 만큼만 하는 것은 믿음이 아니다. 불가능하다는 말이 크게 틀린 말로 들리지 않을 정도로 하나님의 말씀대로 살아간다는 것은 힘든 일인 것은 분명하지만 그 지향점을 놓치지 말고 꾸준하게 자신의 믿음을 증명하며 살아가는 것이 우리가 가야 할 신앙의 방향이다. 만약 우리가 스스로 믿음을 따라 살아가는 삶을 살아낸다면 다시 천국에서 다시 만났을 때 우리의 관계는 특별히 달라질 것이 없을 것이다. 지금 우리가 살아가는 각자의 자리에서 하나님 나라의 통치를 따르는 이들이 지금부터 영원까지 하나님 나라의 백성일 것이다.

전도


나는 교회를 개척하기 앞서서 딱히 준비한 것이 없었다. 사랑하는 아내와 초등학생 아이들 셋이 전부였다. 이렇게 시작된 개척교회는 쉽게 성도가 늘어날 수 없다. 심지어 예배를 드릴 때는 커튼을 내리고 조용히 예배를 드렸다. 코로나 시절 교회의 예배는 환영받지 못했다. 하나님의 영광을 가리는 일이 될까 싶어서 애초에 전도는 하지 않았고 할 수도 없었다.

청년 시절 전도의 경험 이후에도 여전히 나는 전도에 대한 의문을 가지고 있었다. 우리에게 구원을 받도록 하는 능력은 없는데 전도의 의미는 무엇인가? 우리가 전해

🌱

야 하는 것은 그리스도의 도를 전하는 것인데 단순히 전하기만 하면 되는가? 꼭 우리 교회로 데리고 와서 양육해야 하는가? 예수님의 제자들은 참으로 다양한 방법으로 전도했었다. 대표적인 바울의 전도 방법도 단순히 그냥 예수님을 전하기만 하지 않았다. 목숨을 걸고 복음을 전하는 것인데 생각 없이 복음을 전하는 것도 말이 안 되는 일이다. 지역과 대상을 분명히 하고 그에 맞는 전도 활동을 하고 필요하면 도움도 마다하지 않았다. 너무 당연히 우리도 전도할 생각이라면 그 대상이나 지역에 맞는 방식의 전도 방법을 찾아야 할 것이다.

인도에 선교하러 갔을 때 직접적인 복음 전도를 듣고 우리를 자기 집으로 초대해 준 사람이 있었다. 그는 예수 그리스도의 복음을 처음 들었단다. 그리고 온 가족을 불러 모으고 그 이야기를 들려달라고 말했다. 이렇게 복음을 전혀 듣지 못한 사람들에게 직접적인 복음 전도는 힘을 갖는다. 그러나 이미 복음이 전해진 상황에서는 그 내용의 옳고 다름에 상관없이 단지 '교회에서 나왔구나' 정도의 의미를 넘지 못한다.

지금의 한국 사회에서 교회와 하나님에 대해 모르는 사람들은 거의 없다. 제대로 알고 있는 사람들은 많지 않겠지만 전혀 처음 들어본다는 사람은 없다는 말이다. 우리가 직접 전도하겠다고 나가서 만나는 사람들은 교회를 이미 다니거나, 교회를 다니다가 다니지 않거나, 교회를 혐오하거나 타 종교, 혹은 무교일 것이다. 이미 교회를 다니는 사람들에게 직접 전도는 딱히 의미가 없을 것이고 교회의 경험이 있지만 다니지 않는 사람들에게 전도는 부담스러운 일이다. 교회를 싫어하는 사람들에게는 불쾌한 경험에 불과할 것이다. 타 종교나 무교임을 밝힌 사람들에게 있어서 전도는 존중받지 못한 무례함으로 느껴질 수 있다. 개인적인 생각으론 직접 전도의 장점이 그리 많지 않아 보인다. 집에 물티슈 하나 더 해지는 정도가 아닐까. 그럼에도 불구하고 복음을 전하는 일들은 우리에게 맡겨진 사명임은 분명하다. 예수님께서 올라가시면서 우리에게 남기신 명령이지 않은가. 그러나 제자로 삼기가 쉬운가?

제자는 내가 삼고 싶다고 해서 일방적으로 이루어지는 관계가 아니다. 내가 유명한 교수나 사회적으로 촉망받고 있는 유명인이라서 나에게 배우고 싶은 사람이 줄을 서고 있을지라도 나에게 관심이 없는 누군가에게 '너 내 제자가 돼라'라고 한다고 해서 나에게 '배우겠다'라고 말할 확률은 매우 낮다. 내가 가르치고 싶은 사람을 제자로 삼는 것이 아니라 배우고 싶은 사람이 자신의 스승을 찾는 것이다.

결국은 스스로 그리스도의 도를 살아냄을 통해 찾아와 가르쳐달라고 할만한 사람이 되어야 한다는 것이다. 그러나 우리의 목적은 선생이 되는 것이 아니다. 우리의 선생이 되시는 예수의 가르침을 전하는(Toss) 사람에 불과하다. 결국, 누가 먼저 알았느냐의 문제지 누가 더 훌륭하냐의 문제가 아니라는 것이다. 예수 그리스도의 도는 말에 있지 않고 행함에 있다. 성경을 잘 알고 있는 것보다 알고 있는 대로 행동하는 것이 더 중요한 지점이다. 어느 교회를 다니는지 어떤 봉사를 하는지는 중요하지 않다. 얼마나 많은 것을 알고 있고 설득력 있는 말을 하는 것도 중요하지 않다. 살아가는 삶에서 그리스도의 도가 보여야 한다. 누군가 우리에게 '아니 어떻게 그렇게 사십니까?'라는 질문을 한다면 일단 한 걸음은 나아갔다고 생각해보자. 물론 좋은 의미로 말이다. 아마도 우리가 그 사람이 생각하는 사회적, 도덕적으로 이해가 되지 않고 그렇게 살아갈 자신도 없지만 옳은 행동으로 보이는 삶을 살 때 우리에게 하는 말이어야 한다. 우리를 이렇게 봐주는 사람들이 있다면 그에게 그리스도의 도를 전하면 된다.

만약 누군가 자신이 다니는 교회에서 함께하고 싶다면 교회를 다니는 내가 교회를 자랑스러워해야 함이 옳다. 난 너무 당연한 말을 하고 있다. 전도 축제나 교회의 행사를 통해 무작정 사람들을 모으고 유명인을 부르고 멋진 공연을 한다고 해서 그가 그리스도인으로 교회에 정착하는 것을 의미하지 않는다. 어떤 측면에서는 그렇게 교회와 인연을 맺고 교회의 일꾼은 될 수 있겠지만 성도는 되지 못하고 일에 지쳐 교회를 떠나는 경우들도 종종 볼 수 있다. 우리가 교회를 자랑하는 이유가 교회의 시설이나 좋은 사람들, 맛있는 식사, 교회에 다니는 유명인이나 목사의 설교가 되어서는 안 된다. 나쁘다는 것이 아니다. 비록 시작이 그렇게 될 수 있지만 결국 우리의 자랑은 그리스도의 복음이 되어야 한다. 교회를 다니다가 그만 나오겠다고 하시는 분들은 이런 말씀들을 종종 한다. '누구 권사님 보고 다녔는데 더는 안 되겠다.', '목사님 설교 때문에 교회에 나왔는데 요즘은 설교가 별로다' 'OO를 보고 교회 다니는 사람들에게 실망했다.' 등등... 사람을 보고 교회를 나간 사람들은 사람들과 교제를 한 것이지 그리스도와 교제하지 않았다. 맞다. 우리는 그리스도와 교제를 해야 한다.

　우리 교회는 자랑할 것이 없다. 보이는 것이 전부다. 객관적으로는 누군가에게 교회를 소개해야 하는 순간이 와도 우리 교회에 오라는 말은 하지 못한다. 누가 봐도 아무것도 없는 교회이기 때문에 그렇다. 가족 말고는 아무것도 없다. 다만 개척한 이후에는 가족끼리 드리던 예배를 누가 오더라도 참여함에 불편함 없는 모양으로 예배 예식을 다듬어서 예배를 드리고 있을 뿐이다.

　내가 목사지만 개척교회는 가기에 부담스럽다. 우리 교회처럼 가족들만 모이는 교회의 경우는 더 부담스럽다. 하나님과 동행하는 삶에 대해서는 확신 있게 말할 수 있지만 그건 말로 표현한다고 보여줄 수 있는 것도 아니고 하나님과 동행하는 삶이라는 것이 그렇게 좋아 보이지 않을 것 같았다.

　교회를 지켜내는 일에 지쳐갈 즈음에 시작부터 함께한 코로나와의 지겨운 동행이 슬슬 마무리를 보였다. 연말이 가까워지면서 나는 슬슬 하나님께 기도하기를 이젠 동역자 한 사람쯤 보내주시면 안 되냐고 찔러 대기 시작했다. 그리고 그 주에 그가 나타났다.

첫 식구


　영훈 씨는 카페와 같은 건물에 사는 커피를 좋아하는 청년이었다. 이 친구를 처음 봤을 때부터 덥수룩한 수염과 찰랑거리는 헤어. 그리고 아담한 체구에 잘생긴 얼굴은 뭔가 예술가의 느낌이 물씬 풍겼더랬다. 커피를 워낙 좋아해서 개척하면 매일 맛있는 커피를 마실 수 있다는 것에 즐거워했던 나처럼 영훈 씨도 그렇게 커피를 좋아했다. 자다가 부스스한 머리로 내려와서 커피 한잔하고 나갈 때도 있고, 거의 매일 그렇게 커피를 마시러 오는 가장 가까운 단골이었다. 오픈한 지 얼마 안 돼서 여자친구도 소개해 주고 한 건물에 지내다 보니 꽤 정이 든 손님이었

🌱

다. 긴 코로나로 혼자 교회를 지키는 것에 지쳐 갈 때쯤 이젠 손님들 더 보내 달라고 기도하거나 갑자기 로또가 되게 해달라고 기도할 것도 아니었으니 해야 할 기도는 하나밖에 없었다. 이제 함께 교회를 고민하며 지켜갈 동역자가 필요했다. 내가 이제 슬슬 믿을 만한 동역자를 보내 달라는 기도를 하고 바로 그다음 주에 이 친구가 커피를 한잔 주문하고 창가 앞에 있는 단골 전용석에 앉아서 나한테 말을 걸어왔다.

*'혹시 교회 다니세요?'*

당연히 교회를 다닌다고 말했다. 어느 교회를 다니냐고 묻길래 봄꽃교회에 다니고 이곳에서 예배를 드린다고 말해줬다. 나는 이 친구가 교회에 관심이 생겨서 다닐만한 교회를 소개해달라고 하려나 생각했었다. '왜요? 교회를 다니려구요?' 그런데 이 친구의 대답이 걸작이었다.

*"하나님이 계신 것 같아서요."*

누가 전도한 것도 아니고, 나도 딱히 교회를 다니라고

말한 적이 없는데 스스로 하나님의 존재를 확신하고 교회에 가려고 한다니. 놀라운 일이 아닌가? 나는 이 친구가 교회를 다니고 싶어 한다는 것만으로도 신이 났다. 너무 놀랍고 반가운 일이었다. 그래서 어느 교회를 추천해 줘야 하나 생각해 봤다. 그러나 안타깝게도 이런 귀한 영혼을 보낼만한 좋은 교회가 생각나지 않았다. 내가 지나온 곳도 새로운 곳도 확신이 없었다. 그래서 먼저 어떤 교회에 가보고 싶은지 물어봤다. 그랬더니 내가 다니는 교회에 가고 싶단다. 나는 처음에는 얼떨떨했다. 그래서 혹시 내가 목사인 걸 알고 있냐고 물어봤다. 우리 교회는 개척교회고 내가 카페 사장이자 목사이고 지금은 가족들끼리만 예배드린다고 말했다. 영훈 씨는 내가 교회 다니는 줄은 알았지만 내가 목사인 줄은 몰랐단다. 난 이때까지도 당연히 '아 그렇구나'로 끝나는 대화의 수순을 기대하고 있었다. 일반적으로 누구나 부담스러워할 것 같은 개척교회가 아닌가? 그러나 이 친구가 예배 시간이 언제인지를 물어본다. 예배 시간을 알려주고 내가 다시 물어봤다. '우리 교회 나오려고요?' 그렇단다. 그렇게 우리 교회 1호 성도를 만났다. 나중에 야외 예배에 함께 왔던 이 친구의 여자 친구는 같은 건물 카페가 교회고 목사님이라는 사실을 신기하고 놀라워했다. 사실 내가 더 놀라웠다. 어쩐지 동역자 하나 보내 달라고 기도하고 싶더라. 하핫.

성경 공부


 영훈 씨가 교회에 나오게 되면서 우리 교회는 뭔가 많이 달라졌다. 단 한 명이 가정의 교회가 공교회가 되도록 만들었다. 영훈 씨를 위한 성경 공부를 준비했다. 교회에 나오면 가장 먼저 배워야 할 것이 무엇일까를 고민하며, 새 신자 과정 8주와 구도자 과정 8주를 진행했다.
 나도 어릴 적부터 교회를 다녔지만, 교회에 대한 지식을 제대로 배운 적이 없다. 영훈 씨도 어릴 때 교회에 대한 짧은 경험이 있지만 제대로 교회를 다녀본 적이 없었다.
 영훈 씨를 위한 성경 공부를 준비하면서 그 전부터 가지고 있던 나의 경험과 생각을 접목해서 새 신자 과정을 만들었다. 교회를 처음 다닐 때 대부분 사람이 그렇지 않을까 싶은데, 나도 어릴 때 교회에 가면 눈치껏 예배드렸다. 다른 사람들이 앉으면 앉고 일어서면 일어나며 예배를 드렸다. 성경을 찾는 것도 눈치껏 찾아봤다. 어떻게 찾는지는 배웠지만, 성경의 구약과 신약이 무엇인지 배운 것은 교회를 꽤 오래 다니고 난 뒤였다. 강단에서 설교하시는 분이 말하는 하나님과 주님과 예수님이 같은 존재인지 아닌지 헷갈렸다. 어릴 때 어른들에게 물어봐도 모호하게 대답해주실 뿐이었다. 왜 가야 하는지도 왜 해야 하는지도 모르니 그저 놀러만 다녔었다.

나는 가장 먼저 알려줘야 하는 것은 교회가 무엇을 하는 곳인지를 알려줘야 한다고 생각한다. 왜 예배를 드리는지, 예배 때 앉았다 일어났다 하는 이유가 무엇인지. 우리가 예배드리는 대상인 하나님이 어떤 분이신지를 가장 먼저 알아야 한다고 생각했다. 믿음이 있든지 없든지 그것은 나중이지만 적어도 스스로가 하는 행위의 의미는 알고 해야 한다고 생각한다. 그 후에 필요한 것이 성경과 찬송가를 활용하는 방법을 알려줬다. 그 외에도 기도와 헌금이나 삼위일체 하나님에 대한 것을 가르쳐주는 것을 가장 우선으로 알려 줬다.

구도자 과정은 그리스도의 도를 찾아가는 과정이다. 믿음의 확신이 있지 않지만, 어렴풋이 하나님의 존재를 인식하는 단계에 있는 사람들을 위한 성경 공부였다. 그렇게 무려 4달간의 모든 과정을 마무리하고 나서 영훈 씨에게 물어봤다. 우리 교회의 등록은 그냥 교회의 등록이라기보다 함께 살아가기를 다짐하는 것을 의미하며 먼 곳을 떠나거나 오랜 기간 부재하게 되더라도 여전히 하나의 지체로 연결된 한 몸을 의미한다고 일러줬다. 그저 가까운 교회를 옮겨 다니는 가벼운 관계가 아니라 주님 오시는 그날까지 연결된 하나의 지체.

다소 부담스러울 수도 있는 이 기준을 듣고도 영훈 씨는 망설임 없이 처음부터 그런 마음으로 나왔단다. 그렇게 1호 성도로 등록했다.

도장 깨기

새로운 성도가 생기기 전부터 알고 지내던 교회에 가족들이 함께 가서 예배를 드린 적이 있다. 우리가 간 적도 있고, 다른 교회에서 온 적도 있다. 첫 성도인 영훈 씨가 오고 나서는 좀 더 적극적으로 다른 교회의 예배를 경험해 보는 것이 좋겠다고 생각했다. 교회를 많이 경험해 보지 못한 영훈 씨에게 다른 교회의 예배들도 경험시켜주고 싶은 마음도 있었다. 그래서 미리 양해를 구하고 인연이 있는 교회의 예배에 한 달에 한 번 정도 방문해서 예배를 드렸다. 영훈 씨는 이런 교회 탐방 예배를 도장 깨기라는 재미있는 표현을 사용했다. 사실 깬 적도 없고 뭔가를 염탐

하러 간 것도 아니다. 다양한 예배를 경험해 보는 것과 그 교회들과 교제함의 의미도 있었다. 새로운 교회의 경험들은 교회의 경험이 적었던 영훈 씨가 가장 즐거워했다.

   장인어른이 아프시면서 주말마다 찾아뵈러 가게 되면서 주일에 먼 곳 교회로 가는 것이 어려워졌지만 앞으로도 사람들이 더 많아지기 전까지는 부담을 갖지 않는 교회들이 있다면 여러 교회를 다녀볼 계획이다. 교회의 기억들이 몇몇 교회들에 한정된다는 것은 대단히 아쉬운 일이라 생각됐다. 교회에 속해 있으면 다른 교회의 예배를 드리는 일이 쉽지 않다. 교회에서 뭔가를 맡아 봉사를 하게 되면 그런 일은 거의 불가능해진다. 하지만 우리가 여러 교회의 예배를 경험해 볼 수 있다면 자신에게 더 잘 맞는 교회를 찾을 수도 있을 것이고 배워야 할 부분들이 있다면 배우고 성도들과 상의해가며 교회에 적용할 수도 있을 것이다. 그나마도 사람들이 적을 때나 가능하지, 낯선 사람들이 우르르 찾아오면 의심의 눈초리와 불안함만 안겨줄 것이기에 서로를 확실히 아는 교회들이 아니면 함께 예배 드리는 것도 사실 쉬운 일은 아니다. 아는 만큼 보인다. 예배도 드려본 만큼 더 좋은 예배와 그렇지 않은 예배가 보일 것이다.

당연히 나는 우리 교회의 예배가 가장 좋은 예배라고 생각하지 않는다. 가장 좋은 예배라는 것은 존재하지 않는다. 세상에 그 어떤 예배가 완벽할 수 있겠는가. 예배의 모든 순간에 집중할 수 있는 사람들이 얼마나 될까. 스스로가 만족하는 완벽한 예배는 존재할 수 있을지 모르겠지만 예배의 대상이 하나님이라는 점에서 예배는 애초에 완벽할 수도 없고 하나님께서 부족한 예배를 받아주실 뿐이다. 하나님을 향한 예배라는 측면에서 예배의 가장 중요한 지점은 일상의 어지러운 순간들을 떠나 오롯이 하나님을 바라볼 수 있는 순간이라는 것이다. 그래서 우리가 예배드릴 때 일상의 모든 것으로부터 완전히 차단하고 오직 하나님만을 의식하는 예배를 통해 하나님과의 만남이 이루어져야 한다. 하나님을 의식하지 않은 예배는 자기 만족적인 종교 행위나 습관에 불과할 뿐이다. 예배라는 말 자체가 하나님과 인간과의 관계적 행위를 의미하기 때문이다. 대상을 인식하지 않는 예배는 의미 없는 행위에 불과하다.

 선교나 수련회의 경험이 우리에게 가장 기쁘고 신앙이 고취감을 느끼게 되는 이유 중의 하나는 일상을 떠나 오롯이 하나님의 일에 집중할 수 있다는 것이다. 나도 그랬지만 다른 사람들도 선교지에서 혹은 수련회 때 하나님께만 집중할 수 있는 그 시간이 너무 값지게 느껴진 경험이 있을 것이다. 교회의 예배를 시작할 때부터 이런 방향성을 두고 예배를 드려오고 있었고 나는 이런 경험을 영훈 형제에게도 경험하게 해주고 싶었다.

영훈 형제가 등록하기 한 해 전에 지칠 대로 지쳐있던 우리 가족은 동문으로 알고 지내던 홍정기 목사님의 소개로 남해에 있는 양아 교회로 여름휴가를 다녀온 적이 있다. 다섯 명이나 되는 가족의 가장 큰 걸림은 숙박비였는데 숙박비가 해결된다는 생각에 짧은 시간 아이들을 위해 무리해서 남해까지 여행들 다녀왔다. 그다음 해에는 영훈 씨가 교회에 등록하고 어린 시절 때부터 알고 지내던 유주봉 안수집사의 뜻밖의 헌금을 통해 우리 교회는 첫 전성도 수련회를 다녀올 수 있었다. 엄청난 규모가 아닌가? 하하핫!

술 담배

　영훈 형제는 술도 담배도 즐기는 친구였다. 나는 굳이 그것에 대해 따로 말하지 않았다. 술 담배에 대해서는 한국교회의 특수성과 성경적 근거를 찾아본다 해도 굳이 금할 이유를 찾지 못했다. 개인적인 견해로는 근거로 제시하는 구절들은 분명히 존재하는 것은 분명하지만 금해야 할 이유를 찾기 위해 다소 심각하고 과장된 해석을 적용한 것 같았다.
　그것 자체만으로 성경의 의도를 곡해하거나 잘못된 해석이라는 것보다 금지의 중요성을 너무 강조하여 가르치지 않았나 싶었다. 술, 담배의 문제가 구원의 문제가 아님에도 불구하고 우리는 지나친 금지와 더불어 신앙적 모범의 기준에 술과 담배의 문제를 담고 있다. 복음과 관련이 없지만 적잖게 부담스럽게 만드는 이런 견해들을 이방인에 대한 할례와 같이 적용해야 할 문제가 아닌가 생각된다. 복음의 빛 외에 다른 것을 더 얹을 필요는 없다. 평신도 신학이 성장한 만큼 술과 담배의 문제는 예전과 같이 심각하게 생각하지도 않고 당연하게도 구원의 문제와는 전혀 관련이 없다. 무조건 정죄하는 것도 맞지 않고 부지중에 죄를 지을 수 있으니 조심하자 정도면 충분하다.

청년 때에도 알음알음 술, 담배를 다 하면서도 교회에서는 쉬쉬하고 숨겨야 했던 것은 해서는 안 될 일이라 말하기 때문이다. 그러나 그 이유가 너무 조악하고 설득력이 떨어진다. 교단의 입장이 술, 담배를 권장하지는 않다 보니 이 문제들에 대해서 마치 구원의 문제만큼이나 큰 문제로 인식하고 반응하는 목회자들도 적지 않지만, 바울이 믿음이 연약한 자들을 위한 배려하는 측면에서 제사상에 올린 고기를 먹지 않은 것처럼 오래전 사회적 인식으로 인해 금주 금연을 권장한다는 것이 오히려 설득력이 있겠다. 술에 취하지 말라는 말씀들에 대해서도 우리가 술에 취하게 되면 마치 구원을 받지 못할 것처럼 우리가 구원의

🌱

여부를 결정하는 마귀의 손길같이 여기도록 할 필요는 없다. 술을 마시는 목적이 취하기 위한 목적이 아니라면 굳이 마시지 않아야 할 이유도 없다. 담배야 백해무익하니 끊는 것이 가장 좋다고 생각하지만, 술은 음식으로 본다면 충분히 마실 수 있을 것이다. 하나님은 쩨쩨하신 분이 아니라 술 한잔 마신다고, 담배 한 대 피운다고 지옥행 특급열차를 보내지 않으신다. 심지어 담배는 성경에는 아예 기록되어 있지도 않다. 실제로 교회 안에는 술, 담배보다 악한 죄들이 교회에서 판을 치고 있어도 눈감아 주면서 눈에 보이는 것에는 거룩해 보이고자 하는 것은 회칠한 무덤 같아 보인다.

술, 담배를 끊는 것이 마치 믿음의 결과나 과정으로 여기는 일들은 어리석은 일이다. 눈에 보이는 것으로 보이지 않는 것을 판단할 수는 없다. 새로운 영혼이 하나님을 만나는 일에 방해가 된다면 과감히 없애는 것도 좋은 방법처럼 보인다. 지금은 교회 안에서도 술 담배의 문제에 있어서 많이 개방적이지만 여전히 정죄하는 시선들에는 바뀜이 없다. 가톨릭에서 술과 담배를 금하지 않는 이유와 같이 술은 음식으로 여기되 취하지 않도록 주의하고 담배의 경우는 백해무익하니 끊는 것을 권면하는 것처럼 구원이나 죄의 문제와는 별개의 문제다. 어이없는 것은 교단적인 측면에서 술과 담배를 허용하면 바로는 아니겠지만 드러내고 즐기지 못하던 사람들이 마음껏 누릴 것은 분명하다. 우리가 하나님을 두려워하는 것인지 교단의 법이나 교회의 시선을 두려워하는 것인지 생각해 봐야 할 문제라 생각한다. 우리 죄의 문제가 누군가의 허락을 맡아야 하는 문제는 아니지 않은가?

나는 영훈 형제가 이런 문제들로 하나님을 알아 가는 데 방해가 되길 원하지 않았다. 영훈 형제는 아직은 하나님에 대해서 잘 모르지만, 하나님의 존재를 확신하고 그의 뜻을 따르는 삶을 지향했고 예배에 대한 열심도 있다.

이런 문제들로 인해 하나님을 믿는 것을 불편해하고 망설이는 누군가가 있다면 믿음의 부족으로 여기고 안타깝게 여기고 말 문제가 아니다. 교회의 예배를 통해 하나님을 믿고 나서 술과 담배를 끊었다고 해서 그리스도의 도로 인해 삶이 변화되었다는 성화의 표징으로 여길 일도 아니지 않은가.

나도 아버지의 주사로 고생을 많이 한 가정에서 자라나서 술주정이라면 진저리치지만, 아버지가 술에 기댈 수밖에 없었던 이유를 알고 나서는 오히려 아버지를 이해할 수 있었다. 술에 기대는 사람들은 그것밖에 반겨주는 것이 없어서일지도 모른다. 그 괴로움에 죄책감을 더하지 말자. 음식으로 먹는 이들을 비난하지 말자. 우리는 그 누구도 이런 문제들로 정죄하고 판단한 자격을 가지고 있지 않다.

예배


교회를 개척하면서 예배는 한 번만 드릴 생각이었다. 새벽예배나 주중에 예배를 굳이 여러 번 만들지 않고 주일 예배도 한 번만 드리고 오후 예배나 찬양 예배와 같은 예배들을 만들지 않을 생각이었다. 교회의 행사나 모임을 자제하고 안식일에 가족들과 안식할 시간을 더 중요하게 생각했다.

청년 시절 교회 봉사를 많이 할 때는 아침부터 저녁까지 교회의 모든 순서를 참여하고 집에 들어가면 9시~10시나 돼서야 들어갈 수 있었다. 월요일에 출근하는 입장에서 피곤할 수밖에 없다. 그뿐만 아니라 주일에 예배를 여러 번 드리게 되면 가족 모임이나 교회를 다니지 않는 친구들을 만나기 어렵고 교회에만 매여 있게 된다. 주중에 예배까지 참여하게 되면 한 주 동안 교회에 할애하는 시간이 적지 않다. 주변에도 같은 교회를 다니지만, 각 가족의 구성원들이 뿔뿔이 흩어져서 저녁 늦게 혹은 집에서 만나는 경우들이 빈번했다. 교회의 예배를 통해 하나님을 만나는 시간을 누렸다면 이제는 육신의 쉼과 가족들과의 안식을 누려야 한다. 간혹 교회의 행사나 전체 성도들의 교제가 있을 수는 있겠지만 대부분의 주일은 안식을 취하는 것이 하나님의 창조적 섭리에 맞다. 우리 교회 예배는 오전 11시에 한 번만 드린다. 앞으로 사람들이 많아져도 이와 같은 예배를 유지할 생각이다.

한편, 한 명의 성도가 생기니 고민이 생겼다. 간혹 주일 예배 시간에 부득이한 사정으로 예배드릴 수 없는 경우들이 있었다. 그래서 나는 추가 예배를 만들었다. 한 명뿐이지만 성도들을 위해 비정기적인 예배가 필요하면 그 시간에 맞춰 추가 예배를 열었다. 성도들이 더 많아져도 가능할 것 같았다. 누군가 추가 예배가 필요하면 예배의 시간을 공유하고 가장 먼저 드려야 하는 사람을 기준으로 예배를 열어두면 된다. 굳이 특별히 예배를 추가할 필요가 없다면 주일 예배는 한 번만 드렸다. 추가 예배는 빠른 경우에는 오전 5시부터 늦게는 밤 11시에도 예배를 드린 적이 있다. 영훈 씨는 자신 때문에 예배가 한 번 더 열리는 것을 항상 미안해하면서도 하나님께 예배드리는 것을 포기하지 않았다. 나 역시 불편해하지 않기를 바랐고, 그럴 필요 없다고 말한다. 목회자로서 성도가 예배를 원한다면 당연히 함께 예배를 드리는 것이 옳다고 생각했다. 그게 나의 역할 아닌가.

정해진 예배 시간도 여유를 두었다. 하나님과 사람과의 약속이라 하지만 생각해보면 예배 시간은 일방적인 약속에 불과했다. 정확히 일분일초를 지켜 예배드리는 것이 굳이 중요하게 생각되지 않았다. 차가 막혀서 늦거나 혹은 부득이한 사정으로 예배에 오는 길이 지체되면 5분, 10분 정도는 함께 기다렸다가 예배를 드렸다. 성도의 수가 적어서 그럴 수 있기도 했지만, 굳이 예배의 시간으로 인해 정죄감을 느끼게 하고 싶지 않았다. 물론 이것도 더 많은 성도가 생기면 어떻게 될지 모르겠지만 적어도 지금 있는 사람들은 서로를 조금씩 기다려주는 것에 인색하지 않았다.

주일을 너무 활기차게 보내면 다음 6일을 활기차게 보

낼 수 없다. 우리는 6일 동안 일하고 하루는 안식하도록 창조됐다. 주중에 일들로 가족들과 함께할 시간이 없었다면 주일에는 가족들과 함께 안식을 경험할 수 있는 주일이 되길 바랐다.

두 번째 식구



 다솜 자매는 다른 교회에 예배드리기 위해 방문했을 때 만났다. 원래 그 교회 성도는 아니고 그곳 교회 목사님에게 커피를 배우기 위해 방문한 자매를 우연히 만났다. 나도 카페를 운영하고 있다는 것을 알고 카페에 한 번 방문하겠다고 연락처를 주고받은 것이 인연이 되었다. 다솜 자매는 당시 카페의 창업을 준비하고 있었다. 일반적인 창업의 형태는 아니었지만, 카페의 모든 시설과 운영을 맡아 준비해야 하는 상황이었고 처음 해보는 일이라 관련된 여러 정보가 필요했다. 사실 다솜 자매를 만났던 그 교회 목사님이 커피에 관해서는 나보다 훨씬 실력이 좋은 분이셨기 때문에 굳이 내가 도와줄 일이 있을까 싶었지만, 이런저런 소소한 도움들을 주는 계기들이 생겼다. 그렇게 가끔 커피도 마시러 오고 이런저런 얘기도 하고 카페를 창업했을 때는 한번 찾아가서 밥 한 끼 사주는 정도의 관계였다. CCC(Campus Crusade for Christ)출신으로 신앙의 경험이 많았고 외부 찬양팀도 섬기고 교회에서는 교사로 이런저런 봉사로 섬기는 다재다능하고 열심히 있는 청년이었다. 나는 기본적으로 교회에 오라고 안 한다. 우리 교회 나와라. 이런 말을 하는 경우는 정말 특별한 경우가 아니면 먼저 권하지도 않는다. 그나마도 섬기는 교회가 없거나 예배를 드리지 못할 때 와서 예배를 드리라는 의미로 권하지, 우리 교회에 등록하라는 의미 아니다. 예배 참여의 자발성을 가장 중요한 부분이라 생각했다.

앞서 말했지만, 우리 교회 등록하는 것은 별것 아닌 기준이지만 개척교회치고는 꽤 부담스러운 조건이다. 그래서 다솜 자매가 처음 우리 교회에 예배드리러 온다고 할 때도 오지 말라고는 안 했지만, 이 친구가 우리 교회에 등록하게 된다는 것은 아예 생각하지도 않았고 권한 적도 없다. 아마 다솜 자매도 우리 교회에 등록하겠다는 생각으로 오지도 않았을 것이다.

이런 이유와 별개로 다솜 자매를 통해 여러 사람을 만날 수 있었다. 교회를 다니다가 다니지 않거나 혹은 교회의 경험이 없는 사람들도 있었다. 그중에는 다솜 자매의 친구 성훈 씨와 우리 카페의 커피를 선물 받고 커피를 맛보겠다고 찾아온 기훈, 규리 씨네 가정도 있다. 그렇게 다솜 자매는 몇 번의 예배를 함께 드리고 카페에 와서 교제를 나누다가 집으로 데려다주던 차 안에서 우리 교회처럼 생각한다고 말하고는 몇 주 뒤 어느 날 자신이 다니던 교회의 일들을 정리하고 우리 교회의 2호 성도로 등록했다. 참 신기한 일이다. 영훈 형제의 여자친구인 예진 씨도 야유회를 계기로 예배에 몇 번 찾아온 적이 있다. 예진 씨는 우리 교회에 올 때마다 힐링 된다는 말을 가장 많이 했다. 연애 초기에 카페 앞에서 잠깐 본 적이 있었지만 가까이 알게 되니 정말 재주 많고 능력 많은 친구였다. 한번은 입사 동기인 친구를 데리고 온 적도 있다. 나도 신기한 경험이었다. 교회를 다니겠다거나 어떤 믿음을 가지고 찾아왔다기보다 힐링하겠다며 찾아와서 위로를 받고 돌아갔다. 예진 씨가 믿음을 가지고 교회를 다니는 것도 아니고 그 친구도 역시 마찬가지였지만 교회를 통해 힐링을 얻을 수 있다는 사실은 묘한 느낌이었다.

가족으로 시작한 교회지만 코로나가 끝이 나고 3년 만에 한 명의 성도로 공교회를 이루고 수련회를 가능하게 했다. 4년 만에 또 한 명의 성도가 입교예식과 성찬을 가능하게 했다. 교회를 옮기기 위해 가게 자리를 내놓고 완전히 정리하기 이전에 집수리하는 일을 등록했었다. 아직 장사를 하던 중이라 적극적으로 일을 구하지 않았지만, 신기하게 일이 한두 개씩 들어오는 정도로 일은 있었다.

 카페를 완전히 정리하고 나서 한 달 동안은 정말 쉬겠다고 다짐했지만 결국은 쉴 수는 없었다. 밀렸던 일들과 사람들을 만나고 다니니 정신없이 한 달여가 지나가고 카페를 할 때보다 건강이 더 악화가 돼서 더는 버티기 힘들겠다 싶었다. 하지만 해야 할 일도 많았고, 지금 쓰고 있는 책도 마무리해야 했다.

세 번째 식구

 매장을 정리할 때 건물주의 심술로 권리금과 시설비도 받지 못했고 돌려받은 보증금을 까먹는 생활 중이라 쉼은 사치같이 여겨졌다. 그러나 다솜 자매가 숙소를 예약해줘서 몇 일간 쉬고 밀렸던 글도 정리하고 1차 원고도 마감할 수 있었다. 그렇게 돌아오기 전날 설비 일이 하나 들어왔다. 파스타 집을 준비하는 식당이었는데 원래는 간단한 선반을 설치하는 일을 의뢰해서 찾아갔지만, 상황은 참담했다. 방문한 날이 목요일인데 토요일에 오픈예정이라는 매장은 엉망이었다. 모든 인테리어가 마무리되어 있지 않았고 공사를 하다가 말고 가버린 상황이었다. 매장을 이전하는 상황이라 주인이 공사 현장에 있지 못하고 일을 맡겼더니 돈은 돈대로 다 받고 일은 제대로 안 해준 것이다. 부부는 패닉 상태 같았다. 설상가상으로 아이는 열이 40도가 넘어가는 고열을 앓고 있었고 두 부부는 당장 매장을 열어야 하는데, 사람들에 대한 실망감과 함께 아이를 간호하느라 잠도 못 자고 체력적으로 정신적으로도 너무 지쳐 보였다. 상황을 보니 내가 선반을 설치해주고 간다고 끝날 일이 아니었다. 각각의 공사를 마무리 하는 사람들을 이 사람 저 사람 부르면 추가로 더 많은 돈도 들어가고 좋은 사람들을 못 만나면 예정 시간에 오픈도 못하고 고생만 할 것 같았다. 모든 일을 마무리해 주기로 마음을 먹었다. 약간의 비용만 더 받고 오픈할 수 있도록 전반적인 부분을 모두 마무리해 주겠다고 말했다. 사실 내가 이렇게 말했을 때 내 말을 믿어주는 것 같은 느낌은 아니었다. 할 테면 해보라 하는 정도의 느낌이랄까. 일단 공구들을 챙겨와서 그날 대략의 일들을 봐주고 나서 집으로 돌아가 생각해보니 하나님이 이들을 위로하라고 보내신 것 같았다. 내가 맡아서 할 일이 아니지만, 최선을 다해 도와주기로 마음먹었다. 그렇게 이틀 동안 말도 안 되는 일을 맡았다.

일단 매장을 전부는 아니더라도 일부라도 운영할 수 있게 하는 것까지가 내 일이라 생각했다. 커피머신과 제빙기 등의 장비들을 설치부터 세팅까지 끝내고 매장의 물건을 정리하고 청소하는 것까지 도와드렸다. 이 부부들의 마음이 너무 착한 것이 내가 일을 하려고 하면 자꾸 못 하게 했다. 이미 많이 도와주셨다고 자기들이 하겠다고 먼저 가라고 하는데, 아이는 여전히 엄마랑 병원에 있고 남편은 어젯밤도 밤을 새우고 머리가 멍한 게 눈에 보이는데 내가 가면 아무것도 못 할 게 뻔한데 자꾸 하지 말라길래 괜찮다고 하고 약속한 것 외에 필요한 부분들을 도와줬다. 정리하던 중에 십자가가 보이길래 교회 다니냐고 물어봤다. 교회를 다닌단다. 나보고 교회를 다니느냐고 묻길래 목사라고 말해줬다. 갑자기 이 친구가 울더라. 너무 힘들었나보다 싶었다. 목사라는 것을 알더니 일을 하지 말라고 더 심하게 말렸다. 부부가 하나님 정말 열심히 믿는다고 말하며 내가 너무 필요 이상으로 일을 열심히 해주길래 진짜 이상한 사람 아니면 특별한 사람이라고 생각했단다. 뭐 이상한 사람이 맞기는 하지. 하핫. 부부는 그 주에 함께 예배를 드리고 교회의 세 번째 네 번째 식구가 되었다.

카페는 지난 4년 반 동안 마이너스 성장을 거듭하다가

정리했지만, 교회는 지금도 여전히 꾸준하게 한 걸음씩 천천히 그리고 신중하게 성장하고 있다. 하나님은 그렇게 자신의 선교를 위해 교회를 조금씩 지어 나가고 계셨다.

아직 끝나지 않은 길

봄꽃교회 이야기

처음 카페를 오픈할 때쯤 딸내미가 초등학교 1학년이었는데 학교에서 벼룩시장을 열었다. 자신의 가게 이름을 정하고 예쁘게 꾸며서 집에서 안 쓰는 물건을 서로 팔고 사는 시간에 자신의 이름을 따서 '봄꽃 문구점'이라는 이름으로 이쁘게 그림을 그려서 종이로 간판을 만들었다. 원래 교회의 이름으로 하려던 것이 있었지만 이 이름이 마음에 들어서 카페와 교회의 이름을 봄꽃으로 정했다.

봄꽃. 우연 같은 이름이지만 의미를 생각해보니 너무 좋았다. 겨울이 지나 가장 먼저 피는 꽃. 그게 봄꽃이다. 교회는 세계의 교회나 한국의 교회나 혹독한 겨울과도 같은 시기를 보내고 있었고, 이런 시기를 지나 새롭게 꽃을 피워내는 봄꽃이라는 의미를 담았다.

교회의 개척을 앞두고 만난 교회들을 생각해보니 같은 믿음에 뿌리를 내리고 있지만 다양한 모양과 생각으로 교회를 세워나가는 모습이 마치 크고 작은 꽃들을 피워내며 아름다운 꽃밭을 이루는 들꽃처럼 여겨졌다. 때로는 작고 조용히 피고 지어 이름도 지어짐 없이 사라진 들판의 꽃들도 있을 것이다. 큰 포부로 아름답고 큰 꽃을 피워내지만 이내 지고 사라져 버린 꽃들도 있을 것이다. 작지만 넓은 지역을 아름답게 꾸며주는 꽃들도 있을 것이다. 봄꽃교회도 이 작은 들꽃 중 하나처럼 피워내길 소망한다. 비록 작고 조용히 피고 지어 이름이 알려짐 없이 사라지는 꽃 일지라도 창조하신 하나님의 섭리 속에 볕을 받고 목을 축이며 아무도 모르게 개화하고 진다고 해도 좋을 것 같았다. 예수를 통해 하나 되는 아름다운 꽃밭. 생각만 해도 좋지 아니한가?

봄꽃의 지난 시간은 동토 안에 갇혀 추운 날들을 버티며 딱딱한 씨앗 가운데 답답한 연단의 시간을 지나 이제는 그 껍데기를 깨고 밖으로 나가기 위한 준비를 하고 있다. 다양한 직업군의 삶들은 봄꽃 같은 교회의 목회자

❦

로 살아가는 데 필요한 질문을 만나는 시간이었다. 나에게 주어진 자유를 따라 내가 할 수 있는 최선을 쥐어짜 내도 지속 가능한 삶을 위한 무게들을 더는 감당하기 어려운 순간이 올 때마다 굳이 말하지 않아도 사랑하는 가족들과 성도들이 친구들과 동기들이 나의 짐을 나누어 감당해 주는 기가 막힌 순간들이 있었고 지금도 여전히 이어지고 있다. 그렇게 무너질 때쯤 무너지지 않게 지켜주시고, 지쳐서 포기하고 싶을 때쯤 포기할 수 없도록 유무형의 응답들이 내가 지금 가고 있는 길이 하나님의 계획 가운데 있다는 확신과 교회를 지켜나갈 새 힘을 얻는 순간들이었다. 굳이 직접 나의 자유를 구속하며 문제를 해결할 열쇠를 직접 던져주시기보다 사람들을 통해 하나님의 사랑을 깨닫게 해주시고 그 길이 옳음을 알려주시는 하나님의 동행하심은 나에게 최고의 선물이었다.

소망


 봄꽃교회의 앞으로의 소망은 아는 것과 믿는 것을 삶으로 살아내는 사실적 믿음을 가진 그리스도인들이 되어가는 것이다. 처음부터 완성되기보다 조금씩 서서히 알아가고, 그것을 믿어가고, 믿는 대로 살아가고 서로를 사랑하고 돌보며 그렇게 예수 그리스도가 재림하는 날까지 함께 하는 공동체가 되길 바란다.

 두 번째는 주고받음이 자연스러운 공동체가 되면 좋겠다. 초대교회의 유무상통의 전통처럼 서로의 필요를 말하지 않아도 채우고 서로의 삶을 돌보며 결국에는 흘려보낸 그 사랑이 자신의 삶을 사랑으로 채우게 되는 사랑의 공동체가 되길 소망한다. 그렇게 마치 천국을 미리 경험하듯 사랑으로 유기적인 결합을 이루는 그리스도의 한 몸이 되는 교회가 되길 바란다.

세 번째는 하나님의 은혜에 대해 일회적이고 이벤트적인 감사보다, 은은하고 잔잔하게 이어지는 일상의 신앙을 추구하는 교회가 되고 뜨겁게 기도하고 빠르게 식어가는 신앙보다 마치 일상처럼 은은한 믿음의 향기가 점점 진해져서 결국에는 모든 일상의 순간들이 은혜의 순간이 되고 믿음의 삶이 되는 지속 가능한 믿음을 이루는 그리스도의 지체가 되길 바란다. 마지막으로 이와 같은 하나님을 향한 사랑과 감사를 일상의 영성과 예배로 하나님께 드리는 교회가 되길 바란다.

개척 후 지금까지의 삶은 경제적인 의미에서 실패한 것처럼 보이지만 그동안 만났던 소중한 인연들과 지금의 교회를 함께 세워나가고 있는 식구들을 보면 실패했다는 생각은 들지 않는다. 처음 목적처럼 교회가 아니더라도 좋은 이웃들을 충분히 만났고 내가 그렇듯이 그들에게도 내가 좋은 이웃이었기를 바랄 뿐이다. 이 책을 잘 마무리하고 기회가 된다면 책의 내용을 영상으로 나누고, 나의 삶과 교회의 예배를 이어 나갈 장소가 나타나길 기대하고 있다.

 이 글을 쓰는 목적은 평범한 동네 아저씨의 신앙의 여정을 통해 이 글을 읽는 이들이 자신의 신앙을 돌아보고 하나님을 믿는 여정에 조금이나마 도움이 되길 바라는 마음으로 써 내려갔다. 혹은 누군가 만들어 놓은 길을 따르지 않고 새로운 길을 개척해나가는 이들에게 참고가 되길 바랐다. 이렇게 평화롭게 글을 쓰고 있는 지금도 여전히 전쟁의 포화와 굶주림 그리고 죽음의 공포 속에 있을 사람들이 있는 것처럼 누군가는 신앙의 길을 잃고 헤매거나 누군가는 하나님의 도움을 바라며 하염없이 기다리는 사람들도 있을 것이다. 온 우주 가운데 나의 작은 기록은 언제 나타났었는지 모를 정도로 흔적조차 남지 않고 사라질 수도 있겠지만, 나는 해야 할 일을 한다는 마음으로 글을 남긴다. 이 글을 읽는 적고 적은 사람 중에 단 한 명에게라도 도움이 된다면 그 책임을 다했다 생각한다. 나는 당신의 행복을 바란다.

봄꽃의 이야기는 여전히 끝나지 않았다.

나는 우리 교회가 특별히 향기롭고 아름다운 교회가 되길 원하지는 않는다. 들판에 피고 지는 수많은 꽃이 아름다운 꽃밭을 이루듯 다양한 새로운 교회들 가운데 하나님을 미소 짓게 하는 교회가 되기를 꿈꾼다.

## 에필로그

 나는 하고 싶은 말이 참 많다. 그래서 책을 썼나 보다. 한때 책을 몰두해서 읽었던 때가 있었다. 식음을 전폐하고 책이 너무 즐거워서 놓을 수가 없었다. 처음에는 보고 듣게 되는 지식이 너무 아깝고 잊어버리고 싶지 않아 반복해서 읽거나 외우고 책에 줄을 그으며 깨달음을 메모했다. 그러나 결국 보이지 않는 벽에 부딪혀 정신이 번쩍 드는 순간이 있었다. 아무리 좋은 지식이 있어도 세상에 표현되지 못하면 무슨 의미가 있을까? 그때부터 미친 듯한 독서는 그만두고 세상을 살아보자고 생각했다. 여전히 책은 재미있고 즐거운 일이었지만 책을 읽을 여유가 없는 삶을 살았다. 정확히는 시간은 있지만, 여유가 없었다. 삶의 문제들은 책을 읽을 여유를 주지 않았다.

 신학을 시작하고는 재미없는 책들만 읽었다. 한 장을 넘기는데 한 시간 혹은 며칠이 걸릴 때도 있었다. 어떻게 해도 재미없을 수밖에 없는 글들이었다. 왜 학자들은 자기들만의 세계에 빠진 걸까. 그들의 표현을 이해하기 위해 그의 삶을 알아봐야 하고 그가 쓰는 단어와 문장의 뜻을 이해하기 위해 또 다른 누군가의 해석에 의지해야 했다. 문화적 차이라고 하기엔 너무 불친절하다. 타인의 생각을 이해하는 것이 안 그래도 어려운데 학자들의 저서들은 더욱 친절하지 않다. 갈망하는 자는 머리가 빠지도록 이해해보려 애쓰거나 이해한 척 자기 마음대로 해석해버리기도 하지만 아무리 노력해도 그 사람이 의도하는 것을 100% 이해할 수는 없다. 간혹 자신이 쓴 글조차 당시 나의 상황과 생각을 유추하며 읽어야 그 글을 왜 썼는지가 생각날 때도 있는데 이미 물어볼 수 없는 사람의 글을 온전히 이해한다는 것이 어떻게 가능하겠는가?

논문을 쓰고 싶었지만 쓰고 싶지 않았다. 논문을 써봤자 아는 사람만 이해할 수 있는 글이 무슨 소용인가 싶었다. 그래서 쓴 글이 지금의 책이다.

이 책이 나오기까지 수많은 시도와 좌절이 있었고 삶 또한 쉽지 않았다. 이 책은 하고 싶은 말이 많았던 나의 투정이기도 하고 살아가며 하나님을 만나 날들의 기록이다. 하나님을 알기 위해 시작했던 신학의 개인적인 정수이며, 사역의 기록이고, 내 삶의 종합적인 기록이다.

　온 우주 수많은 생명이 피고 지는 찰나 중에 티끌보다 작은 한 인생의 미천한 깨달음이라 할 수 있겠다.

　나는 우리 교회가 특별히 향기롭고 아름다운 교회가 되길 원하지는 않는다. 들판에 피고 지는 수많은 들꽃이 아름다운 꽃밭을 이루듯 다양한 새로운 교회들 가운데 하나님을 미소 짓게 하는 교회가 되기를 꿈꾼다. 그렇게 하나님의 선교는 사랑을 매개로 유기적으로 결합 된 하나의 교회를 이루실 것이다.

송파동 반지하 빌라에서
흔한 동네 아저씨
박병현 목사.

목사, 사진가, 바리스타, 배달라이더, 청소부 그리고
## 동네아저씨

**초판 1쇄 발행** 2025년 1월 15일

**지 은 이** 박병현
**펴 낸 이** 민대홍
**일러스트** 엄미나(◎ MINASPACE78)
**펴 낸 곳** 서로북스
**출판등록** 2014.4.30 제2014-141호
**주　　소** 경기도 파주시 회동길 480 A-407호
**전자우편** minkangsan@naver.com
**팩　　스** 0504-137-6584

I S B N  979-11-87254-60-7 (03230)

ⓒ 박병현, 2025, printed in Paju, Korea
이 책은 저작권법에 따라 보호받는 저작물이므로 무단 전제와 복제를 금합니다. 내용의 전부 또는 일부를 재사용하려면 반드시 저작권자와 서로북스 양측의 동의를 받아야 합니다. 책값은 뒤표지에 있습니다.